金融機関の
リスク管理再考

新保芳栄

八朔社

はじめに

　1980年代後半以降，金融自由化の進展に伴い，金融機関経営はオン・バランスとオフ・バランスのあらゆる項目について，リスク管理が求められるようになってきた。この間，金融機関のバブル期における過大なリスク・テイクと，バブル崩壊後の不良債権問題の深刻化等による経営悪化を背景に，リスク管理の重要性が一段と強調されることとなった。また，1988年にリスク管理の強化・促進を図る観点からバーゼル銀行監督委員会で，自己資本比率規制の国際統一基準（バーゼルⅠ）が合意され，さらに拡大・精緻化されたバーゼルⅡ，バーゼルⅢが成立している。これに合わせ，わが国でも金融庁から金融検査マニュアルが発出され，金融機関のリスク管理態勢の整備・確立が要請されてきている。バーゼルⅡの対応に加え，金融情勢への変化等に適応するため，2007～08年に金融検査マニュアルの改訂が行なわれ，そこでは統合的リスク管理の考え方が示され，金融機関は直面するリスクに関して，各々のリスク・カテゴリー毎に評価したリスクを総体的に捉え，経営体力（自己資本）と比較・対照することによって，自己管理型のリスク管理を行なうことが求められている。

　金融が業として成り立っていくためには，リスクをゼロとすることはできず，リスクを取っていかなければならない。リスク管理の要諦はいたずらにリスクを回避するのではなく，まず正しくリスクの所在を認識し，次にリスク量を把握し，さらにリスク許容量を設定することが重要である。そのうえで収益機会を求めて，どのよう

に自己の体力に見合ったリスク・テイクを行なうか，そしてそれをいかにうまくコントロールしていくことができるかが，今後生き残っていく条件と考えられよう。金融機関経営を巡る環境が大きく変化している中，金融機関はビジネス・チャンスの拡大とともに，自己責任原則が強まることから，多種多様なリスクの発生に備え，リスク・マネジメントの強化に取り組む必要がある。金融業は潜在的な可能性が大きく，リスク・マネジメントを的確に行なっていけば，新しい時代にふさわしい業務を展開することができ，将来性に富む魅力的な産業であると言えよう。

　本書は，金融機関で実際にリスク管理の実務を経験した者の視点から，金融機関のリスク管理態勢の現状と課題を概観したもので，これまで「New Finance」（地域金融研究所）や「東京国際大学論叢　経済学部編」に発表した内容を基に取りまとめている（なお，既発表分を加筆修正しているが，金融庁，日本銀行関連資料の中には定期的に更新されるものがあるものの，全体の平仄を合わせるため，発表時のままとし必ずしもアップ・ツー・デートを行なっていないケースもある）。各金融機関では，統合的リスク管理態勢の整備を進め，VaR（Value at Risk）等を活用した管理手法の精緻化・高度化を図ってきているが，国際金融危機等に遭遇し，多額の損失発生を余儀なくされるなどしている。今後のリスク管理のあり方としては，VaR等によるリスク量計測の重要性は認識しつつも，特定の手法に過度に依存することなく，リスク管理部門が他の部署とのコミュニケーションを深めながら，ストレステストやその他の定量的・定性的情報等を活用し，いかに実効性を高めていけるかが課題ではないかと思われる。こうした観点に立って，本書では金融検査マニュアルに謳われている各リスク項目に関し，金融機関のリスク管理対応の実態と管理上の留意点を中心に考察したうえ，米国のサブプライ

ム住宅ローン問題や国債投資の増大等に鑑み将来のビジネスモデルをどう描くか，さらに内部監査態勢の重要性等も取り上げ，金融機関経営におけるリスク管理の考え方を論じた。

　本書の基になっている「東京国際大学論叢　経済学部編」に発表した論文・研究ノートは，東京国際大学上林敬宗教授との共著であり，同教授には本書への転載を快く了承していただいたほか，本書の細部に至るまで懇切丁寧なアドバイス，適切なご指導をいただき厚くお礼申し上げる。6月まで勤務していた東京シティ信用金庫の小池誠一理事長をはじめ役職員の方々からは，自由な雰囲気の中での熱心な議論を通じ，多方面にわたる見方・論点をご教示いただいたうえ，出版に際し多大なご支援を賜り，深く感謝する次第である。全国信用金庫協会の全国信用金庫研修所の内部監査講座で，お話しする機会を与えられたことは，考え方を整理するうえで大変有用であった。また，立教大学大学院経済学研究科博士課程前期課程でご指導いただいている山口義行教授には，グローバルな視点に立った金融機関のリスク管理の分析手法等について，適切なコメントを頂戴しており，謝意を表したい。ただ，当然のことながら，本書にあり得べき誤りや思い違いはすべて筆者の責任に帰することは言うまでもない。最後に出版に当たりいろいろとお世話になった八朔社の片倉和夫氏に心よりお礼を申し上げる。

　　2013年7月

　　　　　　　　　　　　　　　　　　　　　　　新保　芳栄

初出一覧

第1章 「地域金融機関の統合的リスク管理を巡る考え方」『New Finance』(地域金融研究所) 2011年7月号
第2章 「金融機関経営における内部監査態勢強化の重要性」『東京国際大学論叢　経済学部編』第40号，2009年3月（上林敬宗教授との共著）
第3章 「銀行の信用リスク管理対応の課題」『東京国際大学論叢　経済学部編』第41号，2009年9月（上林敬宗教授との共著）
第4章 「最近の地域金融機関の金利リスク問題」『New Finance』(地域金融研究所) 2011年1月号
第5章 「金融機関の流動性リスク管理を巡る問題」『東京国際大学論叢　経済学部編』第47号，2012年9月（上林敬宗教授との共著）
第6章 「オペレーショナル・リスク管理の実効性向上への課題」『New Finance』(地域金融研究所) 2012年3月号
「金融機関における業務継続計画（BCP）の策定と課題」『New Finance』(地域金融研究所) 2010年3月号

目　次

はじめに　3

第1章　金融機関の統合的リスク管理を巡る考え方 …………… 9
　Ⅰ　統合的リスク管理の考え方　9
　Ⅱ　リスク量計測の対応　13
　Ⅲ　今後への取り組み　19

第2章　金融機関経営における内部監査態勢強化の重要性 …… 25
　Ⅰ　内部監査態勢の確立　25
　Ⅱ　金融検査マニュアル改訂の経緯と改訂版の内容　31
　Ⅲ　金融機関における内部監査の実態と今後の問題点　37

第3章　金融機関の信用リスク管理対応の課題 ……………… 47
　Ⅰ　信用リスク管理対応　47
　Ⅱ　米国サブプライム住宅ローンにおける信用リスク管理　56
　Ⅲ　信用リスク管理を踏まえた今後の与信対応　62

第4章　金融機関の金利リスク管理の実態と対応 …………… 69

　Ⅰ　現行規制下における金利リスクの位置付け　69

　Ⅱ　金利リスク管理上の留意点　76

　Ⅲ　今後のビジネスモデル　81

第5章　金融機関の流動性リスク管理を巡る問題 …………… 87

　Ⅰ　流動性リスクの態様と顕在化事例等　87

　Ⅱ　流動性リスクの現状と当局の対応　90

　Ⅲ　流動性リスク管理への対応　95

第6章　金融機関のオペレーショナル・リスク管理の
　　　　実効性向上への課題 ……………………………………107

　Ⅰ　オペリスクの定義とオペリスク管理の特徴　107

　Ⅱ　オペリスク管理の現状と問題点　110

　Ⅲ　オペリスク管理への今後の対応　115

　Ⅳ　業務継続計画策定上の留意点　118

参考文献　125

索　引　131

第1章　金融機関の統合的リスク管理を巡る考え方

　2007～08年の国際金融危機の影響により，金融機関は多額の損失の発生を余儀なくされた。近年，統合的リスク管理態勢の整備が進展し，VaR等を活用したリスク管理手法が精緻化・高度化している中，なぜ損失の発生が避けられなかったのか，今後どう対応していったらよいのか等の点についての考察が進められている[1]。本章はこうした状況の下，金融機関の統合的リスク管理に対する考え方，取り組み等をみたものである。

I　統合的リスク管理の考え方

1　統合リスク管理の導入

　統合リスク管理の考え方を金融庁「金融検査マニュアル（預金等受入金融機関に係る検査マニュアル）」によってみると，1999年7月発出の金融検査マニュアルでは，統合リスク管理に関し必ずしも明確な概念は示されていない。ただ，各リスク・カテゴリーに共通するチェック項目をまとめた「リスク管理態勢の確認検査用チェックリスト（共通編）」が策定され，その中で取締役会は各種リスクを管理するリスク管理部門を整備し，その各リスク管理部門のリスクを統合し管理できる体制を整備することが求められた。これは金融

庁が各金融機関に対し，個別リスクの管理にとどまらず，横断的に各リスク・カテゴリーを捉え，統合して管理することを期待していたものと考えられる[(2)]。

　2007年2月改訂の金融検査マニュアルでは，1999年版マニュアルのリスク管理態勢の確認検査用チェックリスト（共通編）の中から，金融機関全体のリスク管理に関する事項が，新たに設けられた「統合的リスク管理態勢の確認検査用チェックリスト」の項目に記載されることとなった。そこでは統合的リスク管理とは，金融機関の直面するリスクに関して，バーゼルIIの第1の柱である最低自己資本比率の算定に含まれないリスク（与信集中リスク，銀行勘定の金利リスク等）も含めて，それぞれのリスク・カテゴリー毎（信用リスク，市場リスク，オペレーショナル・リスク等〈表1-1〉）に評価したリスクを総体的に捉え，金融機関の経営体力（自己資本）と比較・対照することによって，自己管理型のリスク管理を行なうことを言うと述べている。この中で，「統合リスク管理」とは，統合的リスク管理方法のうち各種リスクをVaR（Value at Risk；過去のデータに基づき，金融資産を一定期間保有すると仮定した場合に，市場変動等により一定の確率で将来起こり得る最大損失額）等の統一的な尺度で計り，各種リスクを統合（合算）して，金融機関の経営体力（自己資本）と対比することによって管理するものと明示している。「統合リスク管理によらない統合的リスク管理」とは，例えば各種リスクを個別の方法で質的または量的に評価したうえで，金融機関全体のリスクの程度を判断し，金融機関の経営体力（自己資本）と対照することによって管理するものが考えられるとしている。

　統合リスク管理は，主要国の先進的金融機関が採用している高度なリスク管理手法であり，統合的なリスク管理の中でベスト・プラクティス（最先端の手法）として位置付けられている。そして金融庁「主

第1章 金融機関の統合的リスク管理を巡る考え方

要行等向けの総合的な監督指針」によると，大規模かつ複雑なリスクを抱える主要行等は，統合リスク管理の枠組みを整備することが求められている。「中小・地域金融機関向けの総合的な監督指針」では，地域金融機関でも多種多様なリスクを総体的に把握するため，できる限り統合的なリスク管理の実施に努める必要があるが，直ちに高いレベルの統合的なリスク管理を求めるのではなく，金融機関の規模や特性等に応じてより適切なリスク管理態勢の構築を促すとしている。[3]

表1-1 金融検査マニュアルにおける主なリスクと定義

リスク分類	定義
信用リスク	信用供与先の財務状況の悪化等により，資産（オフ・バランス資産を含む）の価値が減少ないし消失し，損失を被るリスク
市場リスク	金利，為替，株式等の様々な市場のリスク・ファクターの変動により，資産・負債（オフ・バランスを含む）の価値が変動し損失を被るリスク，および資産・負債から生み出される収益が変動し損失を被るリスク。金利リスク，為替リスク，価格変動リスクの3つからなる
流動性リスク	運用と調達の期間のミスマッチや予期せぬ資金の流出により，必要な資金確保が困難になる，または通常よりも著しく高い金利での資金調達を余儀なくされることにより損失を被るリスク（資金繰りリスク）。および市場の混乱等により市場において取引ができなかったり，通常よりも著しく不利な価格での取引を余儀なくされることにより損失を被るリスク（市場流動性リスク）
オペレーショナル・リスク	業務の過程，役職員の活動もしくはシステムが不適切であること，または外生的な事象により損失を被るリスク等。事務リスク，システムリスク，法務リスク，人的リスク，有形資産リスク，風評リスク等

資料：金融庁「金融検査マニュアル」より作成。

2　統合的リスク管理の具体的方法

　統合的リスク管理の具体的な方法について，主要行等向けの総合的な監督指針を基に示すと，次のとおりとなる（図1-1参照）。なお，監督指針では規模およびリスク特性に照らして適切なリスク管理態勢の構築を促すとしているが，現実の各金融機関の対応や，後述の金融庁「金融検査指摘事例集」をみるならば，地域金融機関の場合でも，一定のレベルが要求されていると言ってよいだろう。

　まず，金融機関は直面するリスク量をVaR等共通の尺度で可能な限り計量的に把握する（図1-1の②）。次に各リスク・カテゴリー，各事業部門等にそのリスク量（自己資本でカバーされるべき部分）に応じた資本（リスク資本）を自己資本の範囲内で配賦する（図1-1の③）。配賦されるリスクの総量（上限）については，すべてのリスクが顕現化した場合を想定して，通常は自己資本総額（Tier1＋Tier2）から配賦対象外のリスク，情勢変化等への備えとして，バッファー等の一定部分を差し引いた範囲内（図1-1の①のシャドー部分）としている。これを受け，各事業部門等がポジション枠等を設定し，リスク量がリスク資本を超過しないような業務管理を行なうことにより，金融機関の負うリスク量全体を常時，経営体力（自己資本）でカバーできる範囲内に制御することが期待されている。

　リスク資本の使用状況は定期的にモニタリングされ，リスク・テイクの量がリスク資本内に収まっていることを確認し，上回っている場合はリスク削減策を講じなければならない。なお，実際のリスク量算出において，あらゆるケースを想定した万能なモデルを構築することは不可能であるため，モデルで考慮できないシナリオを複数想定し（景気後退期の企業環境の悪化や，金利上昇，株価下落，土地価格の低下等のストレス・シナリオ），それが顕現化した場合の影響を検証する（ストレステスト）などして，リスクの配賦の際の参考としている。

第1章　金融機関の統合的リスク管理を巡る考え方

図1-1　資本配賦の仕組み

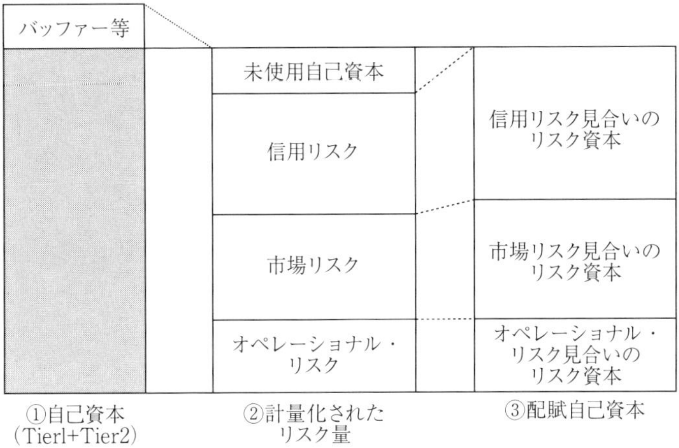

バッファー等	未使用自己資本	
	信用リスク	信用リスク見合いのリスク資本
	市場リスク	市場リスク見合いのリスク資本
	オペレーショナル・リスク	オペレーショナル・リスク見合いのリスク資本
①自己資本 (Tier1+Tier2)	②計量化された リスク量	③配賦自己資本

Ⅱ　リスク量計測の対応

1　リスク量計測の手法

　リスク管理の状況，特にリスク計測の手法について，金融危機後の金融庁の監督方針および日本銀行の考査の実施方針[7]等に基づいて整理すると，次のとおりとなる。

　金融の自由化，グローバル化，IT化が進展する中，金融業務に付随するリスクが多様化・複雑化してきており，これに伴い各金融機関では，リスク・マネジメントの態勢整備を図ってきた。特にVaR等によりリスクを計測し，リスク管理に活用する方法は有用な手段と考えられてきた。しかし，リスク管理の高度化を進めてきた筈の金融機関ではあったが，2007年以降顕現化してきた米国サブプライム住宅ローン問題，とりわけ2008年9月のリーマン・ブラザー

ズ破綻を契機に発生した金融危機に際し，株式や仕組債などの有価証券運用において多額の評価損や減損の計上を余儀なくされたほか，信用コストの急増がみられた先が少なくなく（表1-2），リスク管理のあり方が改めて問い直されることとなった。金融危機に伴い予想外の損失が発生した背景には，株価の下落や市場流動性の低下が金融機関の想定を超えるスピードで進展したことや，また国内外の景気悪化等を受けて従来にみられないペースで企業業績が悪化し，倒産が増加したことが挙げられる（図1-2，表1-3，図1-3）。

　VaRは，①過去のある一定期間のデータを基に，②将来の特定の期間内に，③ある一定の確率の範囲内で，発生し得る最大の損失額を統計的に推定した値である。この結果，全く異なる金融資産でも，VaRによって統一的にリスクを計量化し，さらに相関等を考慮のうえで合算することができる一方，デメリットとして①使用したデータに含まれないような大きな物価変動やショックが発生した場合のリスクは十分に把握できない，②従来リスクとして十分認識されていなかった要素や，新商品のようにデータの蓄積のない取引に関しては，そもそもリスクの計量化自体が困難である，③予想される損失について一定の確率分布を仮定したうえでリスクの計量化を行なうため，前提が崩れた場合のリスクはわからないといった点が指摘されている[8]。

　国際的な金融危機の過程で，これまでの経済（リスク）資本モデルやVaRといったリスク量制御手法の限界が表面化することとなったが，これらの手法は引き続きリスク管理手法のひとつとして有用なものと考えられ，その限界を認識したうえで適切に利用する必要がある。そのためには，VaRは過去の実績値に基づき統計的に推定した値であることから，それを検証するバックテストの実施と，VaRの限界を補完する意味で，例えば将来の変動・損失を想定した

第1章 金融機関の統合的リスク管理を巡る考え方

シナリオ等に基づくストレステストの活用等が求められる。ストレステストについては特に重要とされ，金融庁では①緩やかな景気後退シナリオのみならず，想定され得る最も厳しいシナリオを前提に行なわれているか，②対象とすべきエクスポージャーをすべて捕捉したものとなっているか，③単一のモデルや推計手法に過度に依存したものとなっていないか，についても確認するとしている。[9]

表1-2 金融機関の2008年度決算内容

(単位；億円，かっこ内は前年度比増減（△）額)

	都市銀行	地方銀行	第二地方銀行	信用金庫
国債等債券5勘定尻[1]	581 (△588)	△3,911 (△2,336)	△2,801 (△2,721)	△1,834 (△1,043)
株式等関係損益[2]	△11,625 (△11,392)	△3,000 (△3,844)	△1,087 (△1,217)	△1,567 (△1,594)
不良債権処理額[3]	16,279 (11,254)	7,725 (3,006)	3,496 (1,826)	3,252 (127)
経常利益	△6,063 (△24,656)	△1,340 (△10,278)	△4,510 (△6,364)	△1,872 (△3,204)
当期純利益	△11,055 (△22,083)	△698 (△5,805)	△3,755 (△4,644)	△2,086 (△2,989)

注：1) 国債等債券5勘定尻＝国債等債券売却益＋国債等債券償還益－国債等債券売却損－国債等債券償還損－国債等債券償却
　　2) 株式等関係損益＝株式等売却益－株式等売却損－株式等償却
　　3) 不良債権処理額＝貸倒引当金繰入額＋貸出金償却

資料：全国銀行協会「全国銀行財務諸表分析」，信金中央金庫「信金中金月報」より作成。

図1-2 日経平均株価（月末，終値）推移

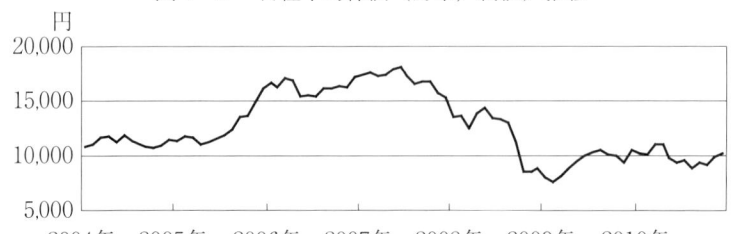

資料：日本経済新聞ホームページより作成。

表1-3　日銀短観による企業経常利益の推移

(単位；%，前年度比増減（△）率)

	2005年度 上期	下期	2006年度 上期	下期	2007年度 上期	下期	2008年度 上期	下期	2009年度 上期	下期
大企業	8.7	18.0	15.3	6.4	7.1	△5.9	△16.5	△78.4	△53.0	2.9倍
中堅企業	11.4	11.3	11.1	11.9	1.3	△8.3	△8.8	△62.5	△46.5	86.0
中小企業	5.7	11.8	16.4	0.8	0.1	△8.7	△18.5	△46.4	△37.5	47.7
全規模合計	8.6	15.6	14.9	6.1	5.2	△6.8	△15.8	△70.1	△49.9	2.2倍

資料：日本銀行「全国企業短期経済観測調査」より作成。

図1-3　全国企業倒産（半期別，負債総額）推移

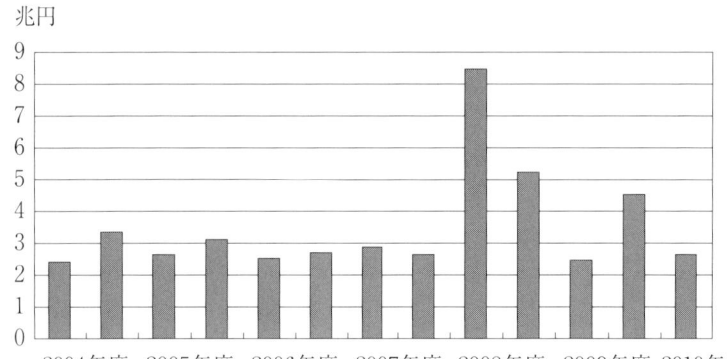

注：負債額1,000万円以上。
資料：帝国データバンクホームページより作成。

第1章　金融機関の統合的リスク管理を巡る考え方

2　リスク量計測の実態

　主要行等では，ディスクロージャー誌において，信用リスクVaRの計測，市場リスクVaRの計測，バックテストの状況，ストレステストの実施等を述べている(10)。一方，地域金融機関では，日本銀行によると，多くの先がストレステストを実施しているが，自らのリスク・プロファイルに即したシナリオの設定，テスト結果の評価，これらに対する経営陣の関与の面で課題があり，経営判断への活用につながっていない例が少なからずみられたとしている(11)。

　市場リスク，信用リスクおよび統合的リスク管理について，各金融機関のリスク計測の実態を2008年9月のリーマン・ブラザーズ破綻の影響を反映しているとみられる金融庁の平成20検査事務年度（2008年7月～2009年6月）と，平成21検査事務年度（2009年7月～2010年6月）の金融検査指摘事例集によって検証すると，そもそも表1-4に示されるようなリスク計測上の問題点が指摘されている。加えてリーマン・ショックを契機とする金融資本市場の混乱やデフォルト率の上昇により，リスク量が大幅に増加したり，また潜在的なリスク集中・二次波及効果・カウンターパーティに係る偶発的なリスク等が顕在化し，リスク計測手法の妥当性が問われている。こうした中，不備事例として①経営会議において，リスク量がリスク資本枠を超過しているにもかかわらず，適切な対策が講じられていない（主要行等および外国銀行支店），②2008年9月期以降株式等の評価損失額が拡大し，計測したリスク量を超過しているにもかかわらず，同リスクの計測手法の妥当性を十分に検証していない（信用金庫および信用組合），③信用リスク計測モデルが導入から10年近く経過し，機能面での制約が認められるにもかかわらず，計測手法の妥当性を検証するための定期的なバック・テスティング等を行なっていない（地域銀行）等が挙げられている。

表1-4　金融検査指摘事例集における金融機関のリスク計測に係る主な問題点等

（市場リスク）
・非上場株式等に係るリスク量や，満期保有目的有価証券の市場リスクの計測が対象外
・バンキング勘定の為替リスク量が未計測
・その他有価証券に関し，リスク量計測に係る保有期間が保有実態や運用方針を反映していない
・金利リスクを考慮したストレス・テストが未実施等

（信用リスク）
・正常先および大口の管理先を除く要注意先が信用リスク量の計測対象外
・コミットメント・ライン未実行枠等をリスク計測の対象外と判断しており，正確なリスク量を把握していない
・実際の原油価格がストレス・シナリオで設定した価格を超えて上昇したが，シナリオの見直しが未実施
・信用格付について，過去の債務者格付の遷移状況について検討していない等

（統合的リスク管理）
・VaR等リスク計測手法を十分に理解していないことから，信用・市場リスク量の計測が不適切
・市場・信用リスクの計測において，今後発生が見込まれるリスクを加味しておらず，リスク量が過小に計測
・ストレス・テストの目的や手続きを規程上，明確化・具体化していないため，統合的リスク管理の観点からの牽制や，取締役会の意思決定に際しての活用が不十分
・バック・テスティングについて，市場リスク量の日々の評価損益がVaR値を超過した場合における計測手法の適切性等の判断基準や対応策を検討していない。また，信用リスク量の計測モデルに投入したパラメータ（デフォルト率）の適切性を検証していない等

資料：金融庁「平成20・21検査事務年度金融検査指摘事例集」より作成。

第1章　金融機関の統合的リスク管理を巡る考え方

Ⅲ　今後への取り組み

1　VaRの検証と補完

　以上の議論はVaR等によるリスク量計測は有用であり，リスクを統合的に認識できるなど，その効用が大きいとの前提に立っている。他に絶対的に信頼できるリスク管理手法が見当たらないこともあって，VaRの使用に際しての限界や留意点等を踏まえたうえで，バックテストによる「検証」や，ストレステストを活用した「補完」が求められる。(12)

　バックテストは，計測したVaR値と損失実績を対比して，損失実績がVaRを上回る発生回数により，VaRの計測モデルの精度を検証する。例えば，トレーディング業務において，1年間の保有期間で1日のVaRと日次損失を比較し（250回），実際の損失がVaRを超過した回数が4回以内に収まっているなら，モデルが適正にVaRを算出しているものと考えられる。(13)また，バックテストは，この他に計測モデルの使用している前提条件の妥当性に関する検証なども行なう。なお，市場リスク計測については，バックテストが有力な検証となるが，バックテストが信用リスク計測の検証の有力な手段となるためには，相当量の情報が必要になる等の問題点があるとされる。(14)

　ストレステストは，VaRや経済（リスク）資本のような他のリスク管理手法を補完する手段であるが，上記金融危機の深刻さおよび継続期間の長さに鑑み，バーゼル銀行監督委員会では，危機発生以前のストレステスト実務が十分なものであったか，また急速に変化する環境に対応するために適切なものであったかという点に疑問を呈し，2009年5月に「健全なストレス・テスト実務及びその監督の

ための諸原則」を公表している。そこでは，まずストレステストの適切な活用を確保するため，取締役会および上級管理職のストレステスト・プログラムへの関与が不可欠であるうえ，金融機関内横断的で包括的なプログラムを実施する必要があるとする。また，金融機関はストレステストの枠組みを維持，更新する一方，急速に変化する環境に対応するため十分な柔軟性を持たせるものとし，プログラムにはフォワード・ルッキングなシナリオを対象に含めるべきであるとする。金融機関はストレステスト・プログラムを管理する明文化された方針および手続きを有すべきほか，適切で頑強なITインフラ等の整備を図る。さらにストレステスト・プログラムは，どのようなシナリオが金融機関の存続可能性を脅かすか（リバース・ストレステスト）を特定し，それにより隠されたリスクおよび様々なリスク間の相互作用を明らかにすべきであり，高いレバレッジのかかったカウンターパーティに関連するストレステスト手法を強化すべきであるとしている。

2　リスク・カルチャーの構築

　ストレステストに関しては，前述の提示を踏まえて，いかにこれを実効的に実施し，危機発生前に未然に回避ないし防止策を講じることができるかが課題となる。ストレス・シナリオの策定に当たっては，過去データに依存したシナリオでは十分にリスクを捉えることができなかったことから，フォワード・ルッキング性が重視されることとなる。ストレステストを有効に活用するための先進的な取り組みとして，①ベイズ統計を活用してVaR計算の際に主観的な情報を取り込むシナリオVaRによるストレステストとVaRを融合させる事例や，②マクロ経済指標の変化を起点としたストレス・シナリオの具体性を高める事例等がみられるが，各々欧米の大手金融機関

第 1 章　金融機関の統合的リスク管理を巡る考え方

や本邦の一部大手金融機関において試行錯誤の段階にあり，現時点では多くの金融機関で有効であるとは限らないとされる。[16]

　そもそもVaR等を利用したリスク量の計測に関しては前述のとおりデータの整備も含め，各金融機関においていろいろな問題点・課題が指摘されているが，特に地域金融機関の場合，その規模・特性からみて計量化になじまない面のあることは否定できない。

　例えば信用リスク管理のためには，格付制度により債務者（あるいは案件）毎に信用リスクの程度を適時・適切に評価するとともに，信用リスクの計量化を行ない，定量的に把握・管理することが求められる。その際，金融庁の金融審議会金融分科会第二部会報告「リレーションシップバンキングの機能強化に向けて」（2003年3月）に示されているように，大手金融機関に向いているとみられる「トランザクションバンキング」では，財務諸表分析や客観的に算出されるクレジットスコアといった定量的な指標が重視される。これに対し，地域金融機関が取引の対象とする中小企業・小規模事業者の場合には，一般的に財務諸表等の定量的な指標が乏しいことから，貸出に当たって企業の経営者の個人的な資質やその企業の技術力等の定性的な情報に頼ることが必要となる。

　また，地域金融機関の市場リスク管理態勢については，中には自らの金融機関のリスク特性に合ったリスク計測を行なっている先も存在するが，その場合も，少数の優秀な担当者の力量に頼っていて，組織として確立しているとは言い難いケースも散見され，このケースではその担当者が異動したらリスク管理のレベルが大幅に低下してしまうとの指摘がある。地域金融機関における課題のひとつは人材の確保で，リスク管理部門は，依然としてコストセンターであるという意識が強く，優秀な人材を戦略的に配置することが難しい事情があるとみられる。[17]

こうした中，今後の金融機関のリスク管理のあり方としては，VaR等によるリスク量計測の重要性を認識しつつも，特定の手法に過度に依存することなく，リスク管理部署が他の部署とのコミュニケーションを深めながら，ストレステストやその他の定量的・定性的情報を活用することが重要となろう[18]。特にリスク管理方針（目的）を明確にしたうえ，経営陣をはじめとする全体のコミュニケーションの円滑化を通じ，リスク・カルチャーの構築に努めることが求められる[19]。さらにリスク管理手法としては，VaR等による計量化の精緻化を進める一方，伝統的な業種別・企業別（グループ先を含む）等の与信限度額（クレジット・リミット）やガイドラインの設定，ロスカットルールの適用等を図るほか，リレーションシップバンキングによって得られた定性的情報の活用が望まれる。

（1）　金融機関のリスク把握のあり方については，日本銀行「ストレステストの先進的な取り組み」（2010年12月），「国際金融危機の教訓を踏まえたリスク把握のあり方」（2011年3月），特にベイズ統計の活用に関してはRebonato［2007，2010］，リスク・カルチャー，リスク・コミュニケーションの重要性はCarrel［2010］等参照。
（2）　新日本監査法人［2003］15-16頁，金融財政事情研究会［2007］144-148頁。
（3）　佐藤［2007］190-199頁。
（4）　日本銀行「統合リスク管理の高度化」（2005年7月），佐藤［2007］195-199頁，大山［2009］157-159頁。
（5）　金融庁は，金融行政の透明性・予測可能性をさらに向上させるとともに，金融機関の自己責任原則に基づく内部管理態勢の強化等を促す観点などから，2005年以降金融検査での指摘事例を中心に事例集を作成・公表している。毎年7月から翌年6月までの検査事務年度に通知された検査内容をまとめ，年2回公表し，2011年2月発表分より「金融検査結果事例集」に名称変更されている。なお，金融機関の規模・特性等により検査結果事例の傾向が異なることを踏まえ，事例毎に「主要行等および外国銀行支店」，「地域銀行」および「信用金庫およ

第1章　金融機関の統合的リスク管理を巡る考え方

び信用組合」のカテゴリー等に分けて示している。
(6) 日本銀行「統合リスク管理の高度化」(2005年7月)によると，金融機関が直面するリスクについて，その顕現化に備え保有すべき資本のことを，規制上必要とされる資本（規制資本）と区別し，経済資本と呼ぶとしている。そして経済資本の上限がリスク資本を配賦するための原資となり，Tier1資本からTier1＋Tier2 資本の範囲内に設定される。
(7) 金融庁「平成22事務年度主要行等向けおよび中小・地域金融機関向け監督方針」，日本銀行「2009年度・2010年度の考査の実施方針等について」，FFR$^+$［2010］。
(8) 日本銀行「統合リスク管理の高度化」(2005年7月)。
(9) 金融庁「平成22事務年度主要行等向けおよび中小・地域金融機関向け監督方針」。
(10) オペレーショナル・リスクVaRの算出については，先進的計測手法適用先が対象となるが，現状かなり限られた先にとどまっている。
(11) 日本銀行「2010年度の考査の実施方針等について」。
(12) FFR$^+$［2010］第4章。
(13) バーゼル銀行監督委員会「マーケット・リスクに対する所要自己資本算出に用いる内部モデル・アプローチにおいてバックテスティングを利用するための監督上のフレームワーク」(1996年1月)。
(14) 金融監督庁「リスク管理モデルに関する研究会報告書」(1999年1月)。佐藤［2007］では，内部格付制度の定量的な検証について，バック・テスティングが基本となるが，その場合債務者格付においては内部格付区分毎のPD（デフォルト確率）とデフォルト実績との整合性や，格付区分の序列精度等（デフォルト判別精度等）の視点で行なうことが考えられるとしている（151－152頁）。
(15) Rebonato［2007, 2010］では，過去の事象が将来分布に関して必ずしも有益な情報を与えてくれるわけではないとすると，ある事象の観察された頻度から同じ事象が将来発生する確率を導く頻度主義に基づく統計手法ではなく，事前に主観的な確率の設定を行ない，その後新しい情報を得て，逐次修正を行なうベイズ統計の手法が有効であろうとする。
(16) 日本銀行「ストレステストの先進的な取り組み」(2010年12月)，「国際金融危機の教訓を踏まえたリスク把握のあり方」(2011年3月)。
(17) 栗谷・栗林・松平［2008］8－10頁。

(18) (16)と同様。
(19) 金融検査指摘事例集によると，①理事会が統合的リスクの管理方針を制定していない，②統合的リスク管理部門と関係部署との連携が不十分，③統合的リスク管理部門が各リスクの洗出しをリスク管理主管部門任せとし，正確なリスク量を把握していないといった問題点が挙げられている。Carrel［2010］では，リスク情報（intelligence）を理解し，企業のすべての部門を巻き込んだコミュニケーションを推し進めることにより，伝統的なリスク管理のフレームワークとは決別した，全く新しいリスク管理カルチャーを構築する必要があるとする。そのためには企業の各部門にリスクを分散し，各事業部門毎にリスク管理の権限を付与し，フィードバックと意思決定の情報の流れを作り，企業のリスク管理政策と資金調達・流動性管理方針の調整を図り，そして外部とのコミュニケーション・ディスクロ方針・透明性を可能にすることが求められるとする（11頁等）。

第2章　金融機関経営における内部監査態勢強化の重要性

　金融機関経営において，内部統制・内部管理体制の整備が重要であることは言うまでもないことであるが，そのためにはツールとしての内部監査の充実・強化が求められる。その際，金融機関がガイドラインとして依拠しているのが金融庁の金融検査マニュアルであり，そこではリスク管理の重要性が謳われ，これに基づいて金融機関では内部監査・内部管理体制の整備・強化を図ってきた。本章は最初にこうした考え方の成立した背景・過程を辿り，次にこの精神が具現化されている金融検査マニュアルの内容を検証し，さらに実際に金融機関が金融検査マニュアルにどのように対応しているかの実情および問題点をみたものである。

I　内部監査態勢の確立

1　自己責任原則に基づく内部管理体制確立への方向転換

　1999年7月，金融監督庁（現金融庁）から，「金融検査マニュアル」が発出された（本マニュアルと基本的に同一の内容である金融検査マニュアル検討会の「最終とりまとめ」は同年4月8日公表）。そこでは護送船団方式への終焉が告げられ，金融機関は自己責任原則に基づき内部管理体制を確立し，適切なリスク管理を行なう必要のあ

ることが，繰り返し強調された。金融機関の経営陣には，まず自己責任原則に基づく内部管理の充実が求められ，併せて会計監査人等による厳正な外部監査の実施が前提になると述べられた。また，リスク管理の重要性が明記され，金融機関自らが責任を持って適切なリスク管理を行なう必要があり，リスク管理態勢の確立は，金融再生のための出発点となり，それは資金供給を通じてわが国経済の産業構造の転換を進め，さらに国際的潮流の中でも重要であると説明されている。そして適切な内部管理ができているかどうかの説明責任は，あくまでも金融機関自身にあり，当局の検査はこれを検証する，ないしは補強する位置付けにあるとの考えが示された。なお，金融検査マニュアルは法的に義務付けられるものではなく，各金融機関が自己責任原則の下，このマニュアルを踏まえ，創意・工夫を十分に生かし，各々の規模・特性に応じて合理的な対応を行なうべきであると述べられている。いずれにしても，従来の当局指導型から自己管理型へ，また資産査定中心からリスク管理重視へ政策を転換するとの姿勢が，明確に打ち出されたのである。

2　内部管理体制重視の考え方の背景

内部管理体制重視の考え方を謳った金融検査マニュアルが成立した背景・経緯を辿ってみると，その大前提として米国のトレッドウェイ委員会組織委員会[3]（COSO；The Committee of Sponsoring Organization of the Treadway Commission）が1992年9月に公表した「内部統制の統合的枠組み」(Internal Control‒Integrated Framework〈COSO内部統制フレームワーク〉）が挙げられる。そこでは内部統制（インターナル・コントロール）の定義，具体的な方法論および枠組みが示され，その後これをベースに各国・各分野でカスタマイズした指針が公表されることとなり，内部統制のデファクト・スタンダード

第2章　金融機関経営における内部監査態勢強化の重要性

となった。COSO内部統制フレームワークによると[(4)]，内部統制は三つの範疇の目的（①業務の有効性と効率性，②財務報告の信頼性，③関連法規の遵守）を持ち，その目的達成のために五つの相互に関連する要素から構成される。構成要素は①統制環境（組織の規律と構造の提供），②リスクの評価（統制目的の達成に関連するリスクの識別・分析・管理の仕組み），③統制活動（経営者の命令が実行されているとの保証を与えるのに役立つ方針と手続），④情報と伝達（適切な情報を識別・捕捉・伝達するシステム），および⑤監視活動（監視の必要）からなり，内部統制には⑤で示されているとおり内部監査が必要となる（監視活動には日常の業務の過程の中で行なわれるものと，独立した内部監査部門によるものとがある）。なお，内部統制はそれ自体が目的ではなく，経営手法そのものであり，基本的な事業活動に組み込まれるべきプロセスである。

これを受けて金融機関に特化した内容で作成されたのが，バーゼル銀行監督委員会（1975年にG10諸国の中央銀行総裁会議により設立された銀行監督当局の委員会）の「銀行組織における内部管理体制のフレームワーク」（1998年9月，日本銀行仮訳）である。このフレームワークでは，有効な内部管理体制は，銀行経営にとって必須の要素であり，銀行組織の安全かつ健全な業務のための基盤となるものであるとの考えが示されている。強力な内部管理体制は，銀行組織の目標と目的を満たし，長期的な収益目標を達成し，信頼性の高い財務・経営報告の維持を確実にする手助けとなり，また法規制および内部規定・手続き等の遵守，不測の損失やレピュテーションへのダメージにつながるリスクの削減に役立つと述べられている。こうした銀行の内部管理の総合的な有効性は，継続的にモニタリングされるべきであり，内部監査部署による定期的な評価と取締役会等に対する報告が行なわれるべきであると説明されている。

この間，わが国でもこうした内部管理体制重視の考え方の影響を受けたこと，また1996年6月に成立した「金融三法」に基づき「早期是正措置」制度が導入され（実施は1998年4月以降），金融機関自身による適切な自己査定および外部監査の活用が前提とされたこと等から，1998年3月にこれまでの金融検査体制・手法について抜本的な見直しを行ない，検査の基本的なあり方を転換することとした通達「新しい金融検査に関する基本事項について」が，大蔵省（当時）から発表された。新検査方式の基本的な考え方は，第一は金融検査は金融機関における自己責任原則の徹底を前提として，金融機関による自己査定の正確性および償却・引当の適切性等と金融機関自らによる内部管理体制の整備・監視状況（内部監査機能の確立）の実態把握を行なうことである。第二は公認会計士等の監査機能の一層の活用や，金融機関の経営実態に応じた重点的・機動的な検査の実施，また金融機関における事務負担を考慮し効率的・効果的な検査資料の徴求に努めることである。第三は実効性のある実態把握に努め，問題点が認められた場合にはその旨を的確に指摘するとともに，状況に応じ法令等に基づき厳正に対処することとされた。また検査は予告制を原則とした。こうした背景・経緯を踏まえて，金融検査マニュアルが作成されるに至ったのである。

3　実効性のある内部監査態勢の確立

　その後，バーゼル銀行監督委員会から，前述の1998年9月ペーパーの追補版として，2000年7月「銀行組織の内部監査，および監督当局と内部・外部監査人との関係」（日本銀行仮訳）が公表された。そこでは，銀行組織における適切な内部管理は，組織の管理システムを評価する独立した有効な内部監査によって補強されなければならないとされ，内部監査機能の必要性が明確に打ち出された。また，

第2章　金融機関経営における内部監査態勢強化の重要性

内部監査機能を含む強固な内部管理と独立した外部監査は，健全なコーポレート・ガバナンスの一環であり，監督当局，内部監査人および外部監査人の協力関係が重要であると述べられている。そして内部監査に関し，①内部監査機能は内部管理システムや，銀行の自己資本評価の内部プロセスに対する継続的なモニタリングの一環である，②専門性を有する独立した，常設の，地位と権限を保証された内部監査機能の存在，③銀行のすべての業務・組織が内部監査の対象である，④内部監査は，監査計画の策定，利用可能な情報の検証・評価・監督結果の周知，勧告や問題点のフォローアップを含む，⑤内部監査機能のアウトソーシングがなされた場合でも，取締役会等は引き続き内部監査機能を含む内部管理システムの機能の仕方に責任を負う，といった原則が提示された。

こうした内部監査重視の流れの中で，金融庁は金融機関における実効性のある内部監査・外部監査態勢の確立に向けて，関連する部分の金融検査マニュアルの記述を改訂するため，2000年8月内部監査・外部監査ワーキング・グループを設置し，検討を開始した。それは金融機関において，実効ある内部監査態勢の確立は不可欠であるという点は強く認識されていたものの，当時は未だわが国独自の内部統制のフレームが確立されておらず，「未成熟」の段階だったこともあり，金融検査マニュアルに必ずしも明確なかたちで内部監査の重要性が示されていなかったためとみられる。具体的には，内部監査の担い手である金融機関の検査部が必ずしも検査対象である業務部門から独立していない点，検査部の検査が支店を対象とした事務リスク中心の検査に止まり，比較的リスクの大きい本部の各部門が網羅的に検査対象となっていないなど，その手法および対象が不十分な点が挙げられていた。

ワーキング・グループでの検討結果等を踏まえ，2001年4月に金

融検査マニュアルの改訂[7]が行なわれた。改訂の主なポイントは，何よりも従来の「内部検査」を「内部監査」に統一し，その機能が明確にされた点である。「検査」と「監査」の相違については，従来の検査が被検査部門における内部事務処理等の問題点の発見・指摘が中心であったのに対し，監査はそれにとどまらず，リスク管理態勢を含む内部監査態勢の評価，および問題点の改善方法の提言等まで行なうものであるとされた。概念的には監査は検査を含む（監査⊃検査）ものと定義されよう。こうしたことを受けて，「検査から監査へ」，「内部監査の時代の到来」といったフレーズが喧伝された。その他には次の項目が追加・拡充された。

① 経営陣が内部監査の重要性を十分認識し，そのうえで内部監査部門を被監査部門から独立させるなどの必要な態勢を構築しているかを確認する項目，

② 内部監査部門が連結対象子会社，持分法適用会社および外部に委託した業務に関しても，適切に監査しているかを確認する項目，

③ リスクの種類・程度に応じて，頻度および深度等に配慮した効率的かつ実効的な内部監査が行なわれているかを確認する項目，

④ 経営陣が外部監査の重要性を認識し，内部監査部門と外部監査人との協力関係に配慮しているかを確認する項目等。

これらの内容は，2007年2月の改訂版金融検査マニュアルに受け継がれていることから，内容の詳細は後述する。いずれにしても，この改訂によって内部監査重視の方向が明確かつ詳細に示されることとなった。

第2章　金融機関経営における内部監査態勢強化の重要性

Ⅱ　金融検査マニュアル改訂の経緯と改訂版の内容

1　改訂に至るまでの状況変化と経緯

　その後，トレッドウェイ委員会組織委員会（COSO）が，2004年9月に「エンタープライズ・リスクマネジメント―統合的枠組み」(Enterprise Risk Management―Integrated Framework〈COSO ERMフレームワーク〉)を公表した。これは従来のCOSO内部統制フレームワークを補完的に拡張したもので，内部統制がリスク管理にとって大事な要素であるといった基本的な枠組みは変わっていないが，リスク管理の観点からマネジメントと内部統制を統合する考え方が示された。具体的には，COSO内部統制フレームワークを内包し，範囲を拡大したかたちで，目的として「戦略―事業体のミッションと連動しそれを支えるハイレベルな目標」が追加され4つのカテゴリーとなり（その他の「業務―事業体の資源の有効かつ効率的な利用」，「報告―報告の信頼性」，および「コンプライアンス―適用される法規の遵守」は従来同様)，構成要素は「目的の設定」が加わり，「リスクの評価」が「事象の識別」，「リスクの評価」，および「リスクへの対応」と分割・細分化され，8項目（その他の「内部環境」，「統制活動」，「情報と伝達」，および「モニタリング」は従来同様）となった[8]。

　また，金融庁は「金融改革プログラム」（2004年12月）[9]で示された将来の望ましい金融システムを実現していくための具体的な施策として，2005年7月に金融検査における新たな取り組みとして，「金融検査に関する基本指針」と「金融検査評定制度」等を公表した。金融検査に関する基本指針は検査の運用の基本的な考え方および実施の手続きを定めたもので，金融検査が各金融機関の経営実態を的

確に把握し，またそのリスクや問題点を適切に指摘するなど有効かつ効率的に機能するため，検査における利用者視点（預金者の利益の保護を目的として検証）・補強性（適切な内部管理の責任は金融機関自身にあり，検査はこれを検証）・効率性・実効性・プロセスチェック（個別事例の取り扱いの適切性のみならず，金融機関の態勢まで視野に入れた検証）の基本原則を掲げている。その中で，検査においては金融機関の内部監査の有効性を的確に評価し，可能な限りその活用に努めなければならないとした。金融検査評定制度は金融検査マニュアルに則った検査を行なったうえで，その結果に対して段階評価を示すことにより，金融機関の自主的な改善努力を促すとともに，それを選択的な行政対応（検査周期・範囲・深度への反映）に結び付け，効率的かつ実効性の高い検査の実施を目指すものである。

　こうした中，2007年3月期から実施が予定されていたBIS規制（バーゼルⅡ）への対応に加え，1999年7月の金融検査マニュアル策定以降，利用者保護の徹底の要請にみられるような金融情勢の変化や，評定制度の導入等の金融検査の進化の進捗をはじめとした，従来の金融検査マニュアルでは十分対応できない面が出てきたことから，金融庁では2006年10月金融検査マニュアル改訂に関する検討会を設置して，金融検査マニュアル改訂の検討を開始した。特にBIS規制見直しの背景には，リスク計測方法の多様化やリスク計測の精緻化に加え，銀行自身の内部管理や市場規律に重点を置く必要性が高まってきたことが挙げられた。検討の結果，マニュアルのバーゼルⅡへの対応に向けた改訂が2006年12月26日に，バーゼルⅡ以外の内容の改訂が2007年2月16日に公表された。

　以上の主な経緯を一覧表にまとめると，表2-1のようになる。

第2章　金融機関経営における内部監査態勢強化の重要性

表2-1　金融検査マニュアル改訂までの経緯

年月	主要施策	主な内容
1992年9月	COSO内部統制フレームワーク	内部統制の定義，具体的な方法論および枠組みの明示
1998年3月	大蔵省「新しい金融検査に関する基本事項について」	金融機関自らによる内部監査機能確立の実態把握
1998年9月	バーゼル銀行監督委員会「銀行組織における内部管理体制のフレームワーク」	有効な内部管理体制は銀行経営にとって必須の要素
1999年7月	金融監督庁「金融検査マニュアル」	自己責任原則に基づく内部管理体制の確立と，適切なリスク管理の必要性
2000年7月	バーゼル銀行監督委員会「銀行組織の内部監査，および監督当局と内部・外部監査人との関係」	銀行組織における内部監査機能の必要性の提示
2001年4月	金融庁「金融検査マニュアル」の改訂	内部監査重視の方向性の明示
2004年9月	COSO ERMフレームワーク	リスク管理の観点からマネジメントと内部統制を統合する考え方の提示
2005年7月	金融庁「金融検査に関する基本指針」，「金融検査評定制度」等	金融機関の内部監査の有効性の評価
2006年12月 / 2007年2月	金融庁「金融検査マニュアル」の改訂	自己責任原則の下，経営陣の主体的な関与とリスク管理態勢の構築

2　改訂金融検査マニュアルの内容

［基本的な考え方］

　改訂金融検査マニュアルの基本的な考え方は，前述の金融検査に関する基本指針に示されているとおりで，金融機関に自己責任原則の下，経営陣の主体的な関与と，創意・工夫を十分に生かした独自性の発揮が強く求められた。

内容的には，各リスク管理態勢のチェックリストの様式が共通化され，冒頭に「経営陣による各種リスク管理体制の整備・確立状況」という項目が設けられ，経営陣の役割が明確化された。金融検査マニュアルができた当初は，金融機関において内部管理のための組織や規程が確立しておらず，金融検査マニュアルはそういったものを整備する手段として利用され，内部管理態勢とは何か特定のかたちを作るものといった面がみられた（体制の確立）。その後，体制整備が進められたこともあり，改訂版ではもう一歩踏み込んで各金融機関が主体的に内部管理態勢を構築し，チェックのうえ改善を図っていくという能動的視点から，経営陣による役割・責任が「方針の決定（Plan）」，「内部規程・組織体制の整備（Do）」，「評価（Check）」，「改善活動（Action）」の流れ（PDCAサイクル）で示された。

　また，各金融機関が規模・特性，リスク・プロファイルに応じて主体的にリスク管理態勢の構築に努める必要があることから，旧検査マニュアルにみられたすべての金融機関に求められる「ミニマム・スタンダード」という用語が使われなくなったほか，金融機関のあるべき姿を示した「ベスト・プラクティス」として記載された項目も削除された。さらに前述のとおりマニュアルの項目の変更が行なわれ，旧マニュアルでは「リスク管理態勢（共通）」の中に書かれていた取締役会の基本的な役割や金融機関全体のリスク管理に関する事項と監査に関する事項が，改訂版では金融機関全体のリスク管理に関する事項は「統合的リスク管理態勢」に，取締役・取締役会および監査に関する事項は「経営管理（ガバナンス）態勢―基本的要素―」に記載された。

第 2 章　金融機関経営における内部監査態勢強化の重要性

［内部監査態勢の整備・確立状況］

　まず，［１．取締役会および取締役会等による内部監査態勢の整備・確立］においては，「⑴方針の策定」で，取締役が自らの戦略や業務に合わせ内部管理態勢を整備することの重要性を十分認識し，かつ取締役会が内部監査の実効性の確保に向けた方針（「内部監査方針」）を定めているかを問うている。「⑵規程・組織体制の整備」では，取締役会等による次の規程等の整備状況を確認している。

- 内部監査に関する内部規程（「内部監査規程」）〈取締役会等が内部監査部門または内部監査部門長に策定させ，承認〉
- 内部監査の実施対象となる項目および実施手順を定めた要領（「内部監査実施要領」）〈取締役会等が内部監査部門または内部監査部門長に策定させ，承認〉
- 必要に応じ，内部監査の実施対象と実施手順の細目を記載した内部監査実施細目〈取締役会等が内部監査部門に策定させる〉
- 頻度および深度等に配慮した効率的かつ実効性のある内部監査部門の計画（「内部監査計画」）〈取締役会等が内部監査部門または内部監査部門長に策定させ，基本的事項を承認〉

　旧検査マニュアルでは，内部監査に関して，内部監査規程が最上位の規程であったが，改訂版では内部監査方針がより上位の方針とされている。ただ，改訂に伴うパブリック・コメントに対する金融庁の考え方では，「方針や内部規程等については，その名称や形式にこだわらず，記載すべき事項が漏れなく明文化され，取締役会による承認等の要件を満たしていれば，他の方針（内部規程）等と統合してもよい」と述べられている。なお，改訂版金融検査マニュアルでは，その他の各リスク管理態勢のチェック項目において，取締役会による基本方針の策定と，取締役会等が内部監査部門に対し，各種リスク管理について監査すべき事項を適切に特定させ，内部監

査の実施対象となる項目および実施手順を定めた要領(「内部監査実施要領」)、ならびに内部監査計画を策定させたうえで承認しているかを確認している点が特徴である。

　さらに子会社等が監査対象となっているかが問われ、次に取締役会等による内部監査部門の体制整備の状況が検証される。主な確認事項は、①内部監査部門への専門性を有する人員の適切な規模での配置と権限の付与、内外の研修の充実度、②内部監査部門の被監査部門からの独立性の確保、③通常の監査とは別にシステム監査等の特別な監査の実施と外部の専門家の活用、④内部監査の従事者に対して、資料の入手やすべての役職員に面接・質問できる権限の付与、⑤内部監査部門の業務、権限および責任の範囲等の役職員への周知徹底、および⑥内部監査結果についての報告体制等である。ただし、金融検査評定制度(2007年2月改訂版)に、「内部監査部門の体制整備の評価に関し、体制・人員配置、独立性の確保等については、金融機関の規模・特性を踏まえ、実効性が確保されているかがポイントとなることに留意する」と述べられているとおり、各業務に精通した人材の確保・配置が図られていないとか、他の業務との兼職等が認められている場合でも、経営陣としてどのような問題意識を持ち、それを補完する対策が行なわれているかが重要であるとみられる。「(3)フォローアップ態勢」では、取締役会は内部監査部門から報告を受け、そのうち経営に重大な影響を与えると認められる問題等については速やかに適切な措置を講じ、内部監査部門によるフォローアップ態勢の整備が図られているかが問われている。

　[2．内部監査部門の役割・責任]においては、[1．取締役会および取締役会等による内部監査態勢の整備・確立]で述べられた経営陣による内部監査態勢の整備が、内部監査部門において的確・適切に実行されているかの確認となる。すなわち、内部監査実施要領

第 2 章　金融機関経営における内部監査態勢強化の重要性

や内部監査計画を策定し，それに基づき効率的かつ実効性のある内部監査を実施しているか，公正な内部監査を実施しているか，内部監査結果の報告書を作成しているか，結果を取締役会に報告しているか，フォローアップ態勢が確立しているか等である。［3．評価・改善活動］においては，「(1)分析・評価」では，①取締役会による監査役監査，内部監査および外部監査の結果等に基づく，内部監査の実効性の分析・評価，態勢上の問題点等の原因の検証，また②内部監査部門長による内部監査実施要領および内部監査計画の有効性の分析・評価と取締役への報告，さらに③そうした報告を受けた取締役会による分析・評価プロセスの有効性の検証と適時の見直しが確認される。次に「(2)改善活動」では，取締役会における「(1)分析・評価」の結果を受けた改善の実施と，そのフォローアップ態勢，改善プロセスの有効性の検証・適時の見直しが問われている。

Ⅲ　金融機関における内部監査の実態と今後の問題点

1　金融機関における内部監査の実態

改訂金融検査マニュアルにおいて，金融機関の内部監査態勢の整備・確立の重要性が示されたが，金融機関の内部監査の実態について，日本銀行のわが国金融機関の内部監査に関するアンケート調査（2007年3月実施，以下「日銀アンケート」と略す）[11]と金融庁の「金融検査指摘事例集」（以下「指摘事例集」と略す）[12]に基づき検証すると，以下のとおりである。

日銀アンケートでは，最初に経営者に「内部監査の経営上の位置付け」について尋ねており，経営が内部監査に求める機能として，すべての先で内部管理体制のチェックを特に重視していると回答し

ている。同時に大手行では経営への提言機能を挙げる先が多く，地域銀行，信用金庫では事務プロセスの適切性のチェック，不正・事務ミスの発見・摘発機能を重視する先が多い。この間，経営者は前回調査の5年前より内部監査部門の組織内での位置付けを向上させたとしているが，後述の内部監査の現場では引き続き社内での位置付けの向上が課題のひとつとみている。こうした中，指摘事例集では，内部監査部門からの報告・指摘を受けながら，①取締役会が規程等整備の統括部署に対し，全体調査を指示していない（地域銀行），②経営会議が改善に向けた検討や具体的な指示を行なっていないため，個人情報の紛失事故が多発している（主要行等および外国銀行支店），③理事会が事務リスク管理部門に対し，改善策の策定を指示していないことから，現金の無記録預りやATMの現金精査の未実施等が認められる（信用金庫および信用組合）といった例が挙げられている。また，日銀アンケートにおいて，内部監査部門は後述の「内部監査の実施」項目の中で，新設部署，新規業務に関する内部監査の速やかな実施に係るルールに関し，前回調査同様引き続き整備が遅れていると回答している。

　第二に日銀アンケートは，「内部監査の体制」について，内部監査部門に回答を求めている。まず，内部監査の独立性に関し，かねて問題とされていた内部監査担当役員が内部監査以外の部門を兼務する事例は減少してきており，兼務している場合でも大半の先で何らかの弊害防止策が講じられている。ただ，指摘事例集では，取締役会が内部監査部長に被監査部門の担当役員を兼務させているが，被監査部門からの独立性を確保するための措置を講じていない例（地域銀行）を挙げている。さらに日銀アンケートでは内部監査部門の人的資源に関して質問しており，過去5年間で内部監査部門の人員数は増加している。全従業員数に対する内部監査部門の職員

人数比率は，全業態で1.2％，うち前回との比較が可能な大手・地域銀行では1.4％（前回1.0％）と，5年間で金融機関における人員削減が進行した中，内部監査部門への人員配置は相対的に強化されたことが示されている。なお，内部監査部門の職員の平均年齢は50.4歳と全体の平均年齢（39.3歳）と比べ高齢化しているが，前回との比較が可能な大手・地域銀行でみると，金融機関の職員全体の平均年齢が上がる中で，内部監査部門の職員の平均年齢は横這いにとどまっている。この間，若手の配置や内部監査部門での実務経験を営業店長登用へのキャリアパスの一環と位置付けている例がみられている。

　第三に日銀アンケートは，「内部監査の実施」について，内部監査部門に回答を求めている。経営への報告については，監査計画，監査結果，およびフォローアップの状況はすべての先で実施されているが，監査計画作成の前提となるリスク評価や，組織全体としての内部監査結果の取りまとめ報告は，全体でみて実施する先がやや少なくなっている。本部部署への監査未実施は前回調査に比べ減少している。子会社・関連会社に対しては，本体と同様の考え方に基づき内部監査を実施している先が多い。事前のリスク評価に応じて監査頻度・深度（投入人員・日数等）を決定する（リスク・アプローチ）先，内部監査結果不芳先に対して監査周期を短縮する先は，前回調査より増加した。オフサイトモニタリング（対象先に対して立入りを行なわずにヒアリングの実施や各種資料の徴求により調査）の実施も進んだが，前回内部監査結果のフォローアップが大半で，事務量，事故報告等に基づく事前のリスク把握は不十分であった。部署横断的内部監査（類似した業務を取り扱う複数部署を同時監査）や，テーマ監査（個人情報保護法対応，バーゼルⅡ対応等）は盛んに活用されている状況にある。

この間，実効性のある内部監査の視点から，指摘事例集では，①内部監査部門が子会社の実態調査を行なっていないほか，外部監査人の指摘事項の検証を行なっておらず，翌年度の外部監査において同様の指摘を多数受けている（主要行等および外国銀行支店），②内部監査部門が問題の原因分析や改善策の検証を十分に行なっていないことから，翌年度も同様の発生原因に基づく問題事例が発生している（信用金庫および信用組合），③内部監査指摘事項に対する内部監査部門のフォローアップが不十分で，営業店が改善状況報告の提出期限を厳守していないとか，未報告のまま放置している（地域銀行）といった例が挙げられている。また，日銀アンケートによると，業務内容や手順に潜むリスクを検出し，対応する統制環境の整備，実施状況を検証する「プロセス監査」的手法の割合が増加している一方，規程違反・現物在高のチェック等の検査手法も引き続き採用されているとしている。なお，日銀アンケートでは，今後の課題として，ほとんどの先で内部監査手法の高度化の定着，内部監査部門の役職員のスキル不足の解消，絶対的な人員不足の解消を挙げており，また組織内での位置付けの向上を指摘する先も前回調査同様みられた。

　さらに指摘事例集では，内部監査部門が資産査定結果および償却・引当額算定結果を監査するなど，資産査定管理態勢の整備を図っている先（信用金庫および信用組合）がある一方，①取締役会が内部監査部門にリスク計測に関して専門性を有する人材を配置していないことから，仕組商品等のリスク計測の適切性等に係る監査が実施できていない（地域銀行）とか，②内部監査規程等において，内部監査部門は自己資本比率の算定結果を監査するとしているにもかかわらず，具体的な監査方法を未だ決めておらず，自己資本比率算定の適切性について監査を行なっていない（地域銀行）等の例が

第2章　金融機関経営における内部監査態勢強化の重要性

挙げられている。

2　今後の課題・検討点

こうした結果をまとめると，経営陣の内部監査の重要性に対する認識は高まり，態勢整備が進められてきていることがわかる。規程等の整備が行なわれ，内部監査部門の独立性が図られ，監査の実効性も向上してきている。人員配置にしても，かつて金融機関の「検査」部門というと，定年間際の上がりの人やいろいろな事情により身の置き場のない人（病気療養のリハビリ中や海外勤務から戻って次のポストまでのつなぎの人等）の一時的な避難場所といったイメージが強かったと言われている。現在の「監査」部門でもそういった面が全くないとは言えないかもしれないが，若い人が増え，米国にある内部監査人協会（IIA）が実施している資格認定制度であるCIA（Certified Internal Auditor；公認内部監査人）取得者も増加している。[13] ただ，人材の育成や専門性の向上が必ずしも十分でないことから，金融機関において組織の統廃合や業務の多様化が進められている中，新設部署や新規業務に対する監査のルール作りは，整備が遅れている状況にある。

改訂金融検査マニュアルでは，経営陣の役割・責任が明確化され，経営陣の主体的関与が求められ，経営陣の責任が非常に重くなっている。経営陣は何よりもまず内部管理態勢の充実に努める必要があるが，そのためには内部監査部門の活用とその機能拡充がポイントとなる。経営陣としては経営のすべてを自らチェックすることは難しいことから，ツールとしての内部監査部門による点検，評価，改善提言が有用となり，その結果業務の有効性・効率性が高められ，結局は経営陣が自身の身を守るのにつながることになる。[14] 日銀アンケートによると，監査計画，監査結果，フォローアップ状況はすべ

41

ての先で経営陣に報告されているが，監査計画作成の前提となるリスク評価や組織全体としての内部監査の取りまとめ報告は，実施する先がやや少ないとの結果になっている（もっともリスク評価に係る報告がなされていない先では，リスク評価をそもそも活用していない場合が多いとのこと）。内部監査部門としては経営が求めている経営への提言機能（経営戦略の妥当性，収益への貢献度，将来性の見極め等）の一段の強化を図り，経営の期待に応えていく必要があろう（経営監視機能の充実）。

　リスク・アプローチの考え方が浸透しているものの，前提となるリスク評価への適切性・完全性が必ずしも確保されていないとか，オフサイトモニタリングの実施が進んだが，各種データ，事故報告書等に基づく事前のリスク把握が不十分であるとか，プロセス監査の割合が増加しているものの，リスク管理態勢の有効性の検証に至っていないなど，内部監査手法の高度化に関しては，制度として取り入れながらも，内容的には追い付いていない面があり，今後引き続き向上に向けて取り組んでいく必要がある。金融検査マニュアルの改訂に伴い内部監査態勢の重要性への認識が高まり，体制整備が進められ，形式的にはCOSOフレームワークやBIS基準を満たすものとなっている。今後はこれを実効あるものとするため，この器にいかに魂を入れていくことができるかにかかっており，経営陣を中心に内部監査に対するさらなる改善・向上努力が求められよう。

　内部監査部門の充実・強化を図ることは重要であるが，その品質をどう評価するかという問題がある。内部監査部門の機能が拡充され，広範囲にわたる権限が付与された場合，内部監査部門に対する牽制，有効性の評価をどう実施するかである。日銀アンケートによると，内部監査部門の強化策として，大手行では「内部監査の品質評価（内部評価・外部評価）」を挙げているが，地域銀行，信用金庫

第2章　金融機関経営における内部監査態勢強化の重要性

では品質評価を実施している先は少ないとの結果になっている。内部監査の質を高めるとともに，それへの牽制・評価をきちんと行なう必要があろう。内部監査の品質評価については，内部監査人協会（IIA）の「内部監査の専門職的実施の基準」1300（品質のアシュアランスと改善のプログラム）に述べられており，組織体内部で行なわれる内部評価と，組織体の外部者によって行なわれる外部評価が求められる。内部評価は，①内部監査部門の業務遂行についての継続的モニタリングと，②内部監査部門による定期的自己評価，または内部監査の実施について十分な知識を有する組織体内の内部監査部門以外の人々による定期的評価で（上述基準の1311），外部評価は組織体外の適格にしてかつ独立した評価実施者または評価チームによって最低でも5年に一度は実施されなければならない（同1312）と定められている。なお，金融庁では「主要行等および中小・地域金融機関向けの総合的な監督指針」に基づき，内部監査の機能発揮状況を把握するため，内部監査部門からの定期的なヒアリングを実施するとしている。[16]

さらに内部監査の対象分野が多様化，専門化する一方，内部監査部門の専門知識を有する人員の確保等に限界がある中で，内部監査の補完ツールとしての統制自己評価（CSA; Control Self-Assessment）の利用が有効となる。[17] CSAは業務運営に携わる者が自らの活動を自己評価，検証するもので，独立性と客観性を欠くといった欠点はあるものの，実務に精通した担当者による検証だけに効率的であり，結果に関し納得性があり担当者が受け入れやすく，また担当者自身が決定について自己責任を負うことになるといったメリットが考えられる。CSAの活用などにより，業務プロセス全般にわたって潜在的なリスクを洗い出して評価するといった枠組みが整備されているかどうかの検証が求められよう。[18]

43

（1） 金融検査マニュアルの改訂（2007年2月）に関するパブリック・コメントに対する金融庁の考え方によると、「体制」は組織体制そのもの、「態勢」は実際に機能が発揮されている状態にあるもの、と使い分けていると説明している。当初は内部管理のための組織や規程の体制の整備段階であるが、次第に金融機関が主体的に内部管理態勢を構築し、機能を高めていくという面が求められるようになる。
（2） 金融監督庁は1998年6月、当時の大蔵省から分離・独立して設置された機関で、2000年7月金融庁に改組された。
（3） 1970～80年代の米国では、企業の粉飾決算や経営破綻が相次ぎ、監査人に対する不信が高まったことから、危機感を持った米国公認会計士協会（AICPA）が、米国会計学会、財務担当経営者協会、内部監査人協会および全米会計人協会（管理会計士協会の前身）に働きかけて、1985年6月に設立した「不正な財務報告に関する全米委員会」で、委員長の名前から「トレッドウェイ委員会」と呼ばれた。
（4） トレッドウェイ委員会組織委員会『理論篇』[1996] 3-31頁。
（5） 金融三法とは、「金融機関等の経営の健全性確保のための関係法律の整備に関する法律」、「金融機関の更生手続の特例等に関する法律」および「預金保険法の一部を改正する法律」で、これにより金融システムを法制面から支える環境が整備されることとなった。
（6） 早期是正措置は金融三法の中の「金融機関等の経営の健全性確保のための関係法律の整備に関する法律」に基づき導入されたもの。米国の制度（1991年導入）に倣い、監督当局が金融機関の自己資本比率の段階に応じて、経営改善計画の策定や業務改善命令を発出し、経営の悪化を未然に防止することを目的とする。
（7） 木村[2001]によると、1999年4月発表（前述のとおり、マニュアルと基本的に同一の内容である金融検査マニュアル検討会の最終取りまとめは、1999年4月に公表）の金融検査マニュアルの中に、既に内部監査の重要性は埋め込まれており、その意味で2001年4月の改訂は金融検査マニュアルの主旨を変更したものではなく、主旨の中身を明確化したものであるとしており（20頁）、金融庁の通達でも「充実」、「整備」といった表現が使われた。
（8） 内部統制の目的と構成要素、およびそれが適用される組織体の三次元のキューブについて、COSO内部統制フレームワークはトレッドウェイ委員会組織委員会『理論篇』[1996] 27頁、COSO ERMフレームワークはトレッドウェイ委員会組織委員会『フレームワーク

第 2 章　金融機関経営における内部監査態勢強化の重要性

篇』［2006］8 頁を参照のこと。
（9）　2004年12月に金融庁が発表した新たな行政指針で，わが国の金融システムを巡る局面が「不良債権問題への緊急対応から脱却し，将来の望ましい金融システムを目指す未来志向の局面（フェーズ）に転換しつつある」と述べられ，「金融システムの安定」を重視した金融行政から，「金融システムの活力」を重視した金融行政へ転換すべきフェーズにあると指摘した。
(10)　改訂金融検査マニュアルの定義によると，「取締役会等には取締役会のほか，常務会，経営会議等の，経営陣レベルによって構成される経営に関する事項を決定する組織も含む」とされている。
(11)　日本銀行では，2002年6月に第1回目のわが国金融機関の内部監査に関するアンケート調査の結果を公表している（実施は2001年度下期）が，その後の金融機関を巡る環境変化等を踏まえ，2007年3月に第2回目の調査を実施し，2007年6月に公表した。対象先は第1回目は主要金融機関24行（大手行14行，地域銀行10行）で，第2回目は主要金融機関46先（大手行12行，地域銀行10行，信用金庫10金庫，証券会社8社，銀行・証券持株会社6社）ということで，必ずしも一致しない。
(12)　日銀アンケートに合わせ，主として平成19検査事務年度（2007年7月～2008年6月）に実施された検査での指摘事例を参考としている。
(13)　日本内部監査協会のホームページによると，公認内部監査人の資格認定試験の合格者数は2011年で累計6010人に達している。
(14)　八田［2006］では，内部監査について「監査というのは，薬にたとえれば漢方薬みたいなものです。特効薬のような目に見える効き目，すなわち利益貢献はしないかもしれませんが，番頭さんがいて財布のひもを握り，日ごろからコスト削減意識をもっていれば，ある程度の景気変動があっても十分に企業経営を担保できるのです。監査があるからこそ，企業は突然死することなく存続可能でいられるといえるでしょう」と述べている（120頁）。
(15)　1999年7月に金融検査マニュアルが公表された時点では，わが国独自の内部統制のフレームワークが確立していなかったこともあり，同マニュアルには最も重要である内部統制の基本的な概念についての説明があまり含まれていないとして，内部監査の実務書においてもCOSOレポートやBIS内部管理体制フレームワークの解説を中心とするものが多かった（例えば朝日監査法人・アンダーセン［2002］5頁

等)。その後改訂版により，金融検査マニュアルは内部管理・監査態勢について国際基準を満たす内容に変わってきていると言えよう。
(16)　主要行等向けの総合的な監督指針では，内部監査ヒアリングに関し，「銀行のリスク管理やコンプライアンスの状況等について，銀行の内部監査部門から，年1回(4月頃を目途)ヒアリングを実施することとする。その際，銀行の内部監査部門の役割，内部監査の実施状況(監査結果に基づく改善状況を含む)，今後の課題等についてもヒアリングすることとする」としている(中小・地域金融機関向けの総合的な監督指針でもほぼ同様の内容)。
(17)　CSAの詳細については，先端内部監査研究会［2005］262-287頁，山本［2006］参照。
(18)　日本銀行「2008年度の考査の実施方針等について」(2008年3月)では，内部統制に関する重点チェック項目のひとつとしてCSAが挙げられている。

第3章　金融機関の信用リスク管理対応の課題

　金融機関経営は，多様かつ複雑なリスクにさらされているが，伝統的に信用リスクのウェイトが大きく，その管理が重要である。本章では，まず金融機関の信用リスクへの対応の実態を概観し，次に2007年以降顕在化した米国サブプライム住宅ローン問題の根底に，貸出金融機関から信用リスクが切り離されるという点のあったことを指摘する。最後に金融機関が信用リスク量を把握し，その管理を踏まえたうえで，どのような方針のもと与信活動を展開していくかの方向性について，リレーションシップバンキングを中心に考察した。金融機関経営において信用リスクを取ることは避けられないが，いかにリスクを管理し，コントロールして経営の健全性・収益性・効率性を高めていけるかが課題である。

I　信用リスク管理対応

1　各種リスクの存在と信用リスク管理の重要性

　金融機関経営は，1980年代後半以降自由化，国際化，証券化，IT化の進展に伴い，ビジネスチャンスが拡大する一方，様々なリスクにさらされ，しかもその過程でリスクが多様化，複雑化，グローバル化してきており，こうしたリスクへの対応が求められてき

た。

　リスク管理の目的は，金融機関の直面する各種リスクを総合的に捉え，適切に管理することによって経営の健全性の確保と収益性，効率性の向上を図っていくことである。金融機関のリスク管理は元々信用リスク管理を中心に構築されてきたが，その後の金融業務の変化に伴い大きく変容してきた経緯がある。こうした中，信用リスクは信用供与先の財務状況の悪化等により返済を受けられなくなるリスクで，金融機関の本源的業務に係るものであり，依然として最も基本的かつ重要な位置付けにあると言える。これは過去の米国国法銀行の事例や，日本のバブル崩壊後に表面化した金融機関の破綻過程を辿ってみても明らかであるし，現に銀行としても認識しているところである。銀行が投資銀行やファンド等の金融機関に比べ優位な点は，リレーションにより取引先に関する広範な情報を有している点であって，そのために信用リスクに係るビジネスを展開することが最も有力な収益源となっている。したがって，銀行にとっては，各種リスクに目配りしながらも，信用リスクをいかに管理・コントロールし，その緩和・軽減・回避を図りながら，リターンを極大化できるかが大きな経営課題となっている。

2　信用リスクへの対応策

　金融機関は信用リスクを緩和，ヘッジするため，次のように伝統的な審査・管理の手法から，計量化等による高度化手法の開発まで各種の対応策を講じてきている。

［与信審査・管理］
　金融機関では，信用リスクの発生を抑えるため，まず個別案件に焦点を当て，取引先の実態把握を基に与信の実行から回収までの過

程を管理する「個別与信管理」を行なっている。個別案件の審査・管理に当たっては，審査部門と営業推進部門とを分離し，相互に牽制の働く体制としている。また，経営陣による「審査管理委員会」等の各種委員会等を定期的に開催し，信用リスク管理における重要事項を審議している。審査・管理に際しては，債権保全のための担保・保証の確保，財務状況や収益力等の返済能力のチェックおよびキャッシュ・フロー分析が重要となるほか，産業・業界の動向調査が行なわれ，また定期的なモニタリングが実施される。

［信用格付，自己査定］

　与信状況を的確に把握し，適切に管理するために，信用格付制度，自己査定制度が設けられている。債務者の信用格付（債務者格付）は，債務者の財務内容，格付機関による格付，信用調査機関の情報などに基づき，各金融機関が定めた一定の基準により，債務者の信用リスクの程度に応じて決められる（債務者格付の他に案件毎の与信状況を示す案件格付等を定義している先もある）。債務者格付は，概ね10～15程度の区分に分けられ，自己査定の債務者区分と整合性を持ち，例えば10区分の場合，債務者格付1～6は自己査定の債務者区分では正常先，7，8は要注意先，9は破綻懸念先，10は実質破綻・破綻先といったように対応している。金融機関は金融庁の金融検査マニュアル等を踏まえた自己査定基準を作成，これに基づき自己査定を実施している。自己査定は債務者の財務・経営状況に応じて，債務者格付と整合した債務者区分を行なう。次にその債務者に対する個々の資産について，回収の危険性，または価値の毀損の危険性の度合いに応じてⅠ～Ⅳの区分に分類し，各査定区分にしたがって信用リスクを管理するための手段である適正な償却・引当を実行する。

[ポートフォリオ管理，リスク量の計測]

　金融機関は，個別与信の管理に加え，ポートフォリオ全体の健全性と収益性の維持・改善に焦点を当てた管理を行なっている。過度にリスクが集中し一時的に大きな損失を被ることのないように，業種別・企業別（グループ先を含む）等の与信限度額（クレジット・リミット）やガイドラインを設定している[7]。また，信用リスクの計量化に取り組んでいる。一般的に統計的な手法に基づき，図3-1のように今後1年間に例えば99％の確率で発生する最大損失額（99％VaR），平均的に発生すると予想される予想損失額（EL；Expected Loss）およびその差額（最大損失額－予想損失額）である非予想損失額（UL；Unexpected Loss）を測定する。予想損失額は引当金でカバーされている筈であることから，非予想損失額が自己資本対比許容な範囲内に収まるよう検証・コントロールする。

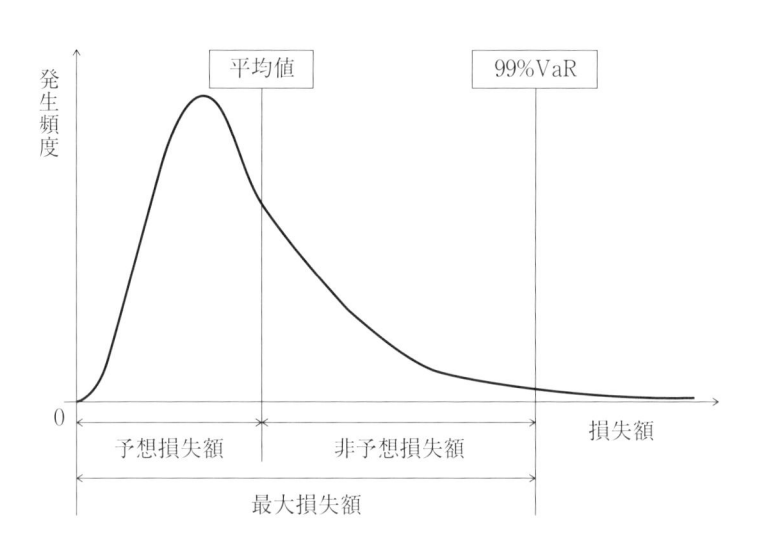

図3-1　信用リスクの計測図

第3章　金融機関の信用リスク管理対応の課題

［企業再生，M＆A関連業務］

　与信先のモニタリング（中間管理）を的確に行なうことによって実態把握ができ，業況悪化先を早期に捉え，チェックされる。問題債権が発見された場合には，債務者の再生可能性を適切に見極め，再生可能な債務者に関しては，極力再生の方向で取り組むよう努力する。その際，再生計画作成のサポートをはじめ，DES（Debt Equity Swap；債務〈の一部〉を株式に転換すること）による債務の軽減化，DDS（Debt Debt Swap；債務の劣後ローン化）による資本増強，DIP（Debtor in Possession）ファイナンス（再建型法的整理手続の申立後，再建計画認可前の債務者に対する運転資金の融資）によるニュー・マネーの供給，さらには営業譲渡やM＆A等の企業再生スキームの活用等により損失の極小化・回収の極大化を図る。

［CDSの利用，シンジケート・ローンへの参加］

　CDS（Credit Default Swap）は，社債や貸付債権などの信用リスクに対し，債務不履行（デフォルト）が生じた場合に債権の損失額を補償する契約[8]で，大手行を中心にメイン先など大口与信先の集中リスクを避けるためのヘッジ手段として利用されている[9]。また，貸出においてシンジケート・ローン（協調融資）が増大している。シンジケート・ローンはアレンジャーである金融機関が複数の金融機関を取りまとめて実行するもので，同一条件・契約書に基づく貸出であること，将来他に譲渡される可能性のあることが契約に織り込まれているといった点が特徴である。参加金融機関としては，複数の先が同一の条件で参加するため，信用リスクの分散が図られるうえ，自己の裁量の範囲内でのコミットメントが可能であること，また将来的に流動化による信用リスクの回避ができるといったメリットがある。シンジケート・ローン組成残高は，表3-1のとおりで

統計の公表開始（残高ベースは2004年9月末以降）から倍増している（シンジケート・ローン組成残高の日本銀行「貸出先別貸出金」国内銀行勘定合計に占めるウェイトをみると，2004年末の6.4%から2011年は13.8%に上昇）。ターム・ローンは株式上場・公開企業向け，株式非公開企業向けとも同期間中に約3倍の伸びを示している一方，コミットメント・ラインは株式上場・公開企業向けの増加率が大きい。

表3-1　シンジケート・ローン組成残高の推移

(単位；10億円，かっこ内前年比増減（△）率%)

	2004年末	2006	2008	2010	2011	対2004比
年末残高	25,102	43,309 (26.3)	55,990 (14.9)	55,976 (3.4)	57,031 (1.9)	2.3倍
ターム・ローン	12,882	26,496 (36.9)	35,101 (19.0)	37,776 (10.0)	38,670 (2.4)	3.0倍
コミットメント・ライン	12,220	16,813 (12.6)	20,889 (8.5)	18,200 (△7.4)	18,361 (0.9)	50.3%

注：1）対象金融機関は全国銀行。
　　2）国内で組成されたシンジケート・ローン。
　　3）国内店勘定（円貨＋外貨）の居住者（法人）向け。
　　4）ターム・ローンは一般的な貸出。
　　5）コミットメント・ラインは借手企業と銀行とが，あらかじめ合意した期間・融資限度額の範囲内で，借手企業の要請に基づき銀行が貸出を行なうことを法的に約束する契約。
資料：全国銀行協会「貸出債権市場取引動向」より作成。

3　貸出債権の証券化・流動化

これまで述べてきた信用リスク管理対策が，いずれもリスクの緩和・ヘッジ対応であったのに対し，究極のリスク回避策は，金融機関本体から貸出債権を証券化・売却して切り離してしまうことである。

第3章　金融機関の信用リスク管理対応の課題

［貸出債権の証券化］

　金融機関はかつては貸出を実行すると，満期まで保有するのは言うまでもなく，書き換えを継続するケースが多いことから，「擬似エクイティ」と呼ばれるように貸出か株式かわからず，信用リスク（金利リスクもあり）をずっと持ち続けていたのが実態であった。しかしBIS規制対策による資産のオフ・バランス化やバブル経済崩壊後の不良債権処理に伴い，貸出債権の流動化が求められるようになってきた。そのための手段のひとつとして証券化がある。金融機関は証券化の手法を用いることによって，債権を満期まで持ち続ける必要がなくなり，金融機関の抱えている信用リスク，金利リスクを証券を購入する投資家に分散することが可能となる。また，貸出債権が証券化により市場に売却されるようになると，その価値が市場での評価を受けることから，適正な市場価格（貸出条件）の形成につながってくる。資産を担保とする証券化市場は，1993年の特定債権法（「特定債権等に係る事業の規制に関する法律」）の施行をもって始まった。その後，金融機関の保有する資産の流動化に関しては，不良債権処理の促進といった要請から1998年にSPC法（その後2000年に資産流動化法〈「資産の流動化に関する法律」〉に改称），債権譲渡特例法（2004年に「動産・債権譲渡特例法」に改称），およびサービサー法が相次いで制定されたことにより，次第に確立してきた。

　特に債権譲渡特例法において，リース・クレジット債権に限らず，幅広い種類の債権譲渡に関し，登記による簡便な方法での対抗要件の具備が可能となった。証券化の仕組みは，資産の保有者である金融機関が資産を特別目的会社（SPC；Special Purpose Company）等へ売却し，それを担保（資産から生じるキャッシュ・フロー等）に，資産担保証券（ABS；Asset Backed Securities）が発行され，投資家に販売される。金融機関では，住宅ローン，無担保個人ロー

ン，不良債権等を対象に証券化を進めており，また複数の中小企業者向けの貸付債権を担保に証券化したCLO（Collateralized Loan Obligation）の発行を前提にした融資なども実行されている。住宅ローンは債権の均質性が高いこと等から，プール化による証券化に適しているとされる。金融機関は住宅ローンの証券化（特にRMBS〈Residential Mortgage Backed Securities〉と呼称）に取り組んでいるが，これは借り手が長期固定型のローンを選択する傾向が強い中，金融機関として将来の信用リスク回避と金利上昇に備え，証券化により切り離しを図ろうとするものである。

［貸出債権の売却］
　金融機関の不良債権処理から発展した貸出債権売買は，取引の対象が要注意債権を含む正常債権にも広がり，市場が次第に形成されてきた。貸出債権の売買は欧米では1990年頃から始まり，一般的な取引となっていたが，日本では融資形態が個々のプロジェクトを対象とするのではなく，法人そのものに対するコーポレート・ファイナンスが中心であり，元々貸出債権の売買は想定されておらず，法制度の整備も遅れていた（債権譲渡は民法466条で認められており，債務者は譲渡禁止の特約がない限り，借り入れをした時点で債権が譲渡されることを黙示的に同意しているものと推察される）。しかし，その後1998年に前述の債権譲渡特例法が制定され，2001年に「日本ローン債権市場協会」（JSLA）が設立され，また全国銀行協会でも「貸出債権市場協議会」を開催し，2004年に「貸出債権市場における情報開示に関する研究会」の報告が取りまとめられるなどして，貸付債権売買契約書の雛形作り等のインフラ整備や制度改革等の環境作りが行なわれてきている。
　貸出債権を流動化（売買）することは，貸出債権に係る業種別，

第3章　金融機関の信用リスク管理対応の課題

企業規模別，地域別，期間別のポートフォリオ管理を進め，信用リスクの分散や金利リスクの軽減化を図ることができる。また，資産圧縮による自己資本比率の改善が可能となる。大手行は主として売却による信用リスクや金利リスクの回避を図ることを目的に，地域金融機関は買い取りにより資金運用機会を拡大するとともに，貸出先が特定地域に集中するリスクの分散を図ることを目的とすることが多い。金融機関は貸出債権を継続して持ち続けるのか，あるいは途中での流動化を前提とする投資型とするのかを，分けて考えることが重要となる。貸出債権の流動化の実績をみると，表3-2のとおり件数では不良債権が多いものの，金額ベースでは正常債権のウェイトが次第に高まり，2007〜11年合計では正常債権が不良債権の約2倍を示している。ただ，正常債権の金額合計では2009年以降大幅に減少しており，これは資金需要低迷下，大手行中心に債権の流動化を控え保有し続けるケースが増えていることによるものとみられる。流動化の方式に関しては，不良債権の場合はこのところ指名債権の譲渡のみとなっている。正常債権では，金融機関が債務者との債権・債務関係を移転せずに，温存しながらリスク分散を進めたいとの意向を反映し，ローン・パーティシペーション（原契約上の債務者と貸出銀行間の債権・債務関係を移転させずに，貸出債権の経済的利益とリスクを移転させる貸出債権の譲渡方式）が2004〜08年合計では約3分の1のウェイトがあったが，その後は売り切り型の指名債権譲渡方式が大宗を占めるに至っている。

表3-2 貸出債権の流動化実績

(単位;件,億円,かっこ内前年比増減(△)率%)

(正常債権)

	2004年中	2006	2008	2009	2010	2011
件数合計	1,719	1,224 (△13.6)	2,174 (12.8)	1,110 (△48.9)	1,345 (21.2)	1,080 (△19.7)
金額合計	36,573	23,007 (△23.9)	39,331 (3.7)	19,092 (△51.5)	18,903 (△1.0)	14,297 (△24.4)
指名債権譲渡	12,809	13,914	24,129	13,316	17,340	13,571
信託方式	8,864	5,397	2,159	2,233	908	395
ローン・パーティシペーション	14,900	3,696	13,043	3,543	655	331

(不良債権)

	2004年中	2006	2008	2009	2010	2011
件数合計	2,784	2,449 (△2.3)	2,978 (31.8)	2,582 (△13.3)	1,865 (△27.8)	2,159 (15.8)
金額合計	37,843	23,432 (△30.4)	21,291 (20.8)	6,654 (△68.7)	8,889 (33.6)	7,513 (△15.5)
指名債権譲渡	36,685	23,250	21,291	6,654	8,889	7,513
信託方式	882	40	—	—	—	—
ローン・パーティシペーション	276	142	—	—	—	—

注:1) 対象金融機関は全国銀行。
　　2) 国内店勘定(円貨+外貨)の居住者(法人)向け。
　　3) 不良債権は「金融検査マニュアル」における要管理先以下の債務者に対する債権。
資料:全国銀行協会「貸出債権市場取引動向」より作成。

II 米国サブプライム住宅ローンにおける信用リスク管理[10]

1 米国サブプライム住宅ローン隆盛の背景とスキームの陥穽

　米国のサブプライム住宅ローンは,元々「組成・転売(originate-to-distribute)型ビジネスモデル」の典型で,売却することを前提に

第3章　金融機関の信用リスク管理対応の課題

ローンを組成しているため，貸し手としては貸出に当たって付随する信用リスク，金利リスク等のリスクを考慮していない点が特徴であり，2007年来のサブプライム住宅ローン問題発生の原因となった。

　サブプライム住宅ローンの組成・転売；証券化の仕組みは，図3-2のとおりである。まず，銀行（商業銀行）およびモーゲージバンク（住宅金融専門会社）が，信用力の低い世帯向けのサブプライムローンを実行する（その他に一般世帯向けのプライムローンや一部書類等が不足するといったやや信用力の劣るAlt－A〈Aクラスに代わる〉ローンがある）。実行されたサブプライム住宅ローンは，投資銀行，銀行へ売却され，そこでそのローン債権を裏付けに住宅ローン担保証券（RMBS）が発行される。その後証券はヘッジファンドやMMF（Money Market Funds）等の投資家や金融機関に販売されていくが，その過程で他の証券と組み合わせて合成債務担保証券（CDO；Collateralized Debt Obligation）として再発行されたり，販売しやすいようにシニア，メザニン，エクイティなど債務の優先劣

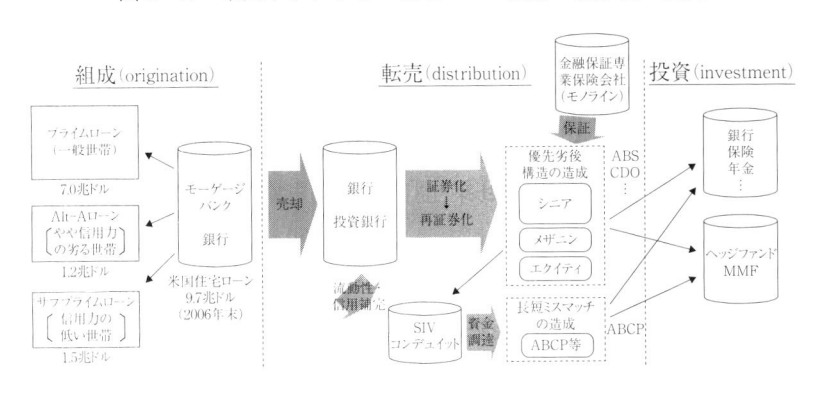

図3-2　米国サブプライム住宅ローン関係の証券化の構図

出所：日本銀行「金融システムレポート」（2008年3月）5頁。

後構造の交換等が行なわれるなどして，複雑な証券化商品が作られ，最初のローンの姿が全くみえなくなってしまう。この間，金融機関がスポンサーとなって投資ビークルとしてSIV（Structured Investment Vehicle）やコンデュイット（conduit）を作り，RMBSやCDOを購入し，それを裏付けに短期の担保資産コマーシャルペーパー（ABCP）を発行して資金を調達することによって，短期調達・長期運用といった長短ミスマッチによる利鞘の獲得を目指すといったビジネスも展開される。

　サブプライム住宅ローンの貸し手（サブプライムレンダー）にとってリスク管理意識は極めて希薄であり，貸出実行前の事前審査や貸出実行後のモニタリング等が疎かとなった。これは過剰流動性や金融緩和を背景に，①米国にとってこの約20年間はクレジット市場におけるデフォルト率や資産価格のボラティリティが低い平穏な時期が続いたこと，②同時期住宅価格が上昇傾向を辿ったことから，リスク感覚に緩みが生じたのに加え，何と言っても証券化に伴いリスクが投資家に移転されてしまうということが，最大の要因であった。サブプライム住宅ローンは元々信用リスクの高さのため，貸し手から見送られてきたものながら，証券化の仕組みが発展したことで容易に実行できるようになった経緯がある。貸し手は信用リスクを取って収益を確保するのではなく，転売することによって手数料を稼ぐというビジネスモデルを想定したため，ローンの仲介を行なうモーゲージブローカーを巻き込んで，多少問題のある先を含めて，当初は返済を緩やかにするとかの魅力的な条件でできるだけ数多くのローンを獲得しようとする動きがみられた。例えば，2/28（30年のローン。当初２年間は金利を固定で低く設定し，３年目に条件を見直し28年間の変動金利ローンを組むもの）や，I/O（当初期間は元本償還がなく金利のみの支払いで，固定期間が過ぎると金利のリセットに加え

第3章　金融機関の信用リスク管理対応の課題

元本償還が加わるもの）といった金融商品が提示されたほか，所得証明や信用履歴に関してさえ書類の一部不要とかあるいは全く要らないといった非伝統的なローンが増加し，また偽りの申告を行なうなどの不正行為が横行し[13]，モラルハザードが助長されることとなった。サブプライム住宅ローンは，アメリカンドリームの象徴である持ち家の増加には寄与したものの[14]（米国持ち家比率〈持ち家世帯/全世帯〉の推移；1990年63.9％→1995年64.7％→2000年67.4％→2004年69.0％→2005年68.9％→2006年68.8％〈米国商務省調査局資料〉），金融機関がローン組成時に信用リスクを取らず，杜撰な融資に走ったうえ，またその後の関与するリスクを的確に把握・管理していなかったという大きな落とし穴があった[15]。

そして2006年に入って住宅価格の上昇率が急速に鈍化し，サブプライム住宅ローンの延滞率が上昇したことを契機に，それまで危うい均衡の下に成り立っていた組成・転売型；証券化ビジネスモデルの市場に疑心暗鬼が広がり，2007年以降次第に各段階において綻びが目立つようになった。サブプライム住宅ローンの延滞率の上昇に伴い，サブプライム住宅ローンを裏付けとする金融資産の価値毀損懸念が拡大，証券化商品に投資していたヘッジファンドの経営悪化，投資ビークルの資金調達難，つれて金融機関の損失の拡大が表面化してきた。こうした中で，大きな問題は，銀行がリスクを切り離していたとみられたのが，プロセスが複雑化する過程で，実際は様々な局面でコミットメントしており，それに係るリスクが残存し，むしろ拡大していた点である。貸し手であるモーゲージバンクの子会社化（Gramlich［2007］によると，2005年のデータで大手プライムローン貸し手10社のうち8社が，大手サブプライムローン貸し手10社のうち4社が銀行系とのこと）や，そこへの貸出原資の融資をはじめ，証券化商品の買い手であるヘッジファンドを傘下に持つことあるいは

59

それらへの貸出，またスポンサー銀行として投資ビークルへの流動性補完や，リスク資産の自行バランスシートへの組み入れといった事態が相次いで表面化してきた。

2　組成・転売型ビジネスモデルの問題点

　米国のサブプライム住宅ローンスキームを基に，組成・転売型；証券化ビジネスモデルの問題点をみると，最大の欠陥は当初貸出を実行した金融機関の審査が不十分であった点である。信用リスクがフリーの状況下，当初の貸出の段階で信用リスクへの評価が行なわれていないことから，それが証券化商品のプライシングに反映されず，さらに金融機関はその後の関与するリスクを明確に把握・管理することも疎かになる。また，証券化に当たっては，情報の非対称性を少しでも解消するために極力情報を開示することが求められるが，金融機関側で投資家に対し十分なリスクの開示ができなくなる。投資家は情報ギャップを埋めるためには，格付会社の評価に依存することとなるが，原債権のリスク評価が十分に行なわれていない状況下，的確な格付がなされず，格付に対する信頼性も揺らぐこととなった。こうしたことから，リスクを正確に反映したプライシングが行なわれず，結果として全体の資金配分を歪め，本来リスク分散を図るための証券化市場において，リスクがむしろ拡散・増大してしまうといった事態が生じることとなる[16]。これは証券化に伴う「逆選択の問題」（安易な貸出の実行）と呼ばれるが，貸出実行者がすべて証券化して投資家に転売するのではなく，ある程度自分で引き受けることによって解消することが可能であると考えられる[17]。

　また，商業銀行が①貸出債権を保有して利鞘を確保するのではなく，証券化を目的に売却して手数料を獲得すること，②SIVやコンデュイットといった別の投資組織を作って資金の運用・調達を行な

い，手数料商売に乗り出したことは，商業銀行の投資銀行化戦略の流れとして捉えられる。1980年代以降の動きとして，直接金融方式の拡大，証券引き受けやM&Aの盛行といったことから，急速に投資銀行の存在感が増大し，商業銀行の投資銀行業務分野への進出が活発化してきた。商業銀行は自分自身のバランスシートのコストを意識しながら利鞘を稼ぐことが本業であるため，潜在的なリスクに対しては極めて保守的に対応する一方，投資銀行の場合はある程度のリスクを取りながら，各種の取引手法を開拓してきた。そして投資銀行はBISの自己資本比率規制等の影響を受けることなく業務の拡大を続けてきたが，一連のサブプライム住宅ローン問題の発生の中で2008年のリーマン・ブラザーズの経営破綻に示されたように，投資銀行モデルは崩壊することとなった。利鞘で稼ぐ商業銀行は，普通にオペレートされていれば薄くとも利益が確保できる仕組みになっているだけに，2007年来の金融危機に伴う金融機関の損失は商業銀行が投資銀行化戦略へ傾斜したことによる「投資銀行的損失」の要素が強いとみられる。[18]社債引き受けやM&A業務のアドバイスなど投資銀行のビジネス自体は現代の経済社会において必要とされるものであり，重要性は失われていない。米国の5大証券会社（投資銀行）は独立した事業体としては消滅し，商業銀行の傘下に入ったが，今後いかに原点に立ち返った業務を展開していくことができるかが課題であろう。

　以上結論として言えることは，証券化のスキームはリスク分散上不可欠な手段であるし，投資銀行業務の重要性も否定できないが，リスクをゼロにしてはリターンが得られないため，貸出を組成する（信用を供与する）段階において，いかにリスク管理・評価をきちんと行なうかが重要とみられる。

Ⅲ 信用リスク管理を踏まえた今後の与信対応

1 信用リスク量の把握

リスク管理とは，リスク量をゼロにすることではない。リスク管理の要諦は，いたずらにリスクを回避するのではなく，リスクを正しく認識することによって，収益チャンスを求めていかにリスク・テイクするかにかかっている[19]。そのためにはまず信用リスクを捉えることが肝要であるが，現在では多くの金融機関が前述の統計的手法に基づき，VaR値等によりリスク量を算出し，これをリスク管理手法の基準としている（詳細は第 1 章「金融機関の統合的リスク管理を巡る考え方」を参照）。

2 今後の与信対応

信用リスクが計測され，リスク資本の配賦が行なわれると，各種リスク管理対策が講じられることになるが，その際収益目標を定め，個別・具体的にどの程度のリスクを取るかを明確にする必要がある。さらに重要なのはこれをどうやって営業現場に伝えていくかということで，リスク量を踏まえて例えば貸出基準金利を設定するとか，個社別採算管理を実行するとか，貸出先の業種別・規模別等の重点・選定を具体的に示すとかし，こうした項目を年間業務計画に織り込むこと等が考えられる。また，リスク資本の量とリスク・テイクにより得られたリターンを対比し，その結果を業績評価制度に反映させるといった方法も行なわれている。なお，大手行を中心に，従来のポートフォリオ管理に加え，貸出債権の売買，証券化，CDS等のクレジット市場を活用して与信ポートフォリオのリ

スク・リターンの関係を向上させる与信ポートフォリオマネジメント（CPM；Credit Portfolio Management）への取り組みが広がっている。これはクレジット市場を活用した取引手法により，ローンの保有・売却を行ない，信用リスク見合いのリスク資本の効率を高め，リターンの向上を図ろうとするものである[20]。

　大手行の場合は，財務諸表分析や担保資産価値測定および倒産確率等を前提とするクレジットスコアリング等の定量情報に基づき，取引の信用リスクや採算性を重視して融資するトランザクションバンキング（市場型取引）のウェイトが高いとみられることから，クレジット市場の活用は有効なリスク管理の手段となる。今後邦銀の貸出採算を向上し，欧米金融機関との差を縮めていくためにも貸出債権の売買，証券化といったクレジット市場の整備が求められよう。国際金融市場を活動の場とする大手行にとっては，競争上欧米流の経営手法の導入が不可避の面がある。ただ，そうした中で，「売買できる貸出債権」と「売買しない（できない）債権」を峻別する必要が出てくる。売買の対象となる貸出債権は，例えば譲渡することを前提に参加したシンジケート・ローン等で，集中リスクの回避やポートフォリオマネジメントの効率化に資することが期待される。その場合，原債権の厳格なリスク管理が大前提であるうえ，的確な情報開示が行なわれる必要があるし，前述のように貸し手が原債権の一定割合を保有することも考慮されよう。後者の債権はメインバンクシステムの下で実行されたコーポレート・ファイナンス[21]や，企業との取引関係や経営者の手腕などを根拠に貸し出された，銀行が「社会的に必要な信用リスクを取るという金融機関の理念に立ち返った」債権と言えよう[22]。信用リスクを取ることは銀行の本来業務の筈であるが，バブル後の不良債権問題にみられるように，銀行に過度のリスクが集中する状況は社会経済的視点から資金の適切な配

分上望ましいとは言えず，リスクの許容量を見極めながら，分散を図るというのも経営手段のひとつと考えられる。

　一方地域金融機関（地方銀行，第二地方銀行，信用金庫および信用組合）では，2003年3月に金融庁から「リレーションシップバンキングの機能強化に関するアクションプログラム」が打ち出されて以来，リレーションシップバンキング・地域密着型金融への取り組みが進められてきた[23]。「リレーションシップバンキング」は，「長期継続する関係の中から，借り手企業の経営者の資質や事業の将来性等についての情報を得て，融資を実行するビジネスモデル」と定義され，トランザクションバンキングと対照的に長期継続的な取引に基づく定性情報を重視する貸出である。地域金融機関経営におけるリレーションシップバンキング（＝関係依存型金融）の重要性については，広く認められており[24]，従来から実施されてきたことである。しかし，人件費等のコストがかかることや，取引深耕を図り経営が軌道に乗った先には競争激化を背景に他金融機関の侵攻が激しいなど，関係依存型金融は，金融機関にとって必ずしも儲かるビジネスモデルではなくなり，これが薄まりトランザクション的傾向を強めているという指摘がある[25]。地域金融機関は，預金による資金調達のウェイトが高いだけに，これを地元に還元することが望ましく，リスク・テイクの面はあってもこれに見合ったリレーションシップバンキングに基づく堅固たる取引を形成していくことが求められよう。そのためには関係依存型金融の「選択と集中」を行なう必要があり，例えば固有の融資業務に止まらず，そこから派生する金融庁の「地域密着型金融」で勧められている，取引先への創業・新事業支援や経営改善支援，事業再生への取り組み等を進めることは，金融機関と取引先との信頼関係の修復・改善に役立つこととなろう[26]。これらの金融機関にとっては，ある程度の濃密さを持って取引先との関係

第 3 章　金融機関の信用リスク管理対応の課題

を築いていくことで，その存在意義が確認されることとなる。

　また，各地域の資金は地域の事情に精通している地域金融機関を通じ各地域に還元されることが望ましく，これを義務付けるため米国の地域再投資法（CRA；Community Reinvestment Act）のような法規制が必要ではないかとの提案もある[27]。地域金融機関は営業基盤とする地域に稠密な店舗網を配し，役職員も主として地元出身者で占められていることなどから，質的な面も含め取引先の情報が豊富に蓄積されており，情報の非対称性が緩和される有利さを持っている。さらにメインバンクとして当座預金取引を通じ，資金の流れをみることによって中間管理を適切に行ない，他の知り得ない取引先の業況を把握することが可能である。公表された財務諸表等の定量的な情報に基づく貸出は，取扱量の多い大手行が得意とする分野である一方，濃密な地域情報を活用した取引は地域金融機関にしかできない。ある程度のリスクを取っても企業を育てるという視点で企業価値の向上を目指す取引の追求・確立が求められよう。

（1）　銀行におけるリスク管理対策の経緯については，池尾・藤井［2008］41-68頁参照。
（2）　信用リスクには，貸出金の延滞や返済不能により発生するリスクと，有価証券・為替取引等に伴って発生するリスクがあるが，本章では主として国内向け貸出取引に関するリスクを想定している。
（3）　横山［1989］では，米国通貨当局（OCC）の1979〜87年に生じた国法銀行の破綻の原因調査の結果を紹介し，破綻に至る要因のうち最も多いのが信用リスクからくる蹉跌であって，ほとんどのケースで「貸出等資産の質」の悪化が破綻の要因に挙げられると述べている（38-39頁）。
（4）　例えばSMFGの「2012ディスクロージャー誌」によると，信用リスクの項目で「信用リスクは，当社が保有する最大のリスクであり，信用リスクの管理が不十分であると，リスクの顕現化に伴う多額の損失により当社の経営に甚大な影響を及ぼしかねません」（34頁）と述べ

ている。また，りそなグループ「ディスクロージャー誌2012」では，計量化によるリスク量を表示しており，リスク量は各々信用リスク3,646億円，市場・株式リスク1,371億円，オペレーショナル・リスク570億円となっている。
（5） 1980年代前半のバブル経済発生期には，銀行間で貸出の増大およびクイックレスポンスを競うため営業現場の貸出判断の裁量を拡大し，営業推進と審査機能の一体化を図るといった対応が広範化した。
（6） 信用格付には，個々の金融機関が実施する内部格付と外部の機関が実施する外部格付がある。自己資本比率算出のための信用リスク・アセット計算に当たっては，標準的手法（外部格付を利用）か，内部格付手法（銀行自身の内部格付制度を利用し，あらかじめ設定された関数を用いて，リスク・ウェイトを算出する方法。基礎的内部格付手法と先進的内部格付手法がある）が用いられる。
（7） 鈴木［2009］では，日本長期信用銀行の破綻に至った経緯を詳細に分析・記述しているが，第1章「バブル期の長銀に何が起きていたか」で，「銀行業務の基本である審査や融資・担保手続きがずさんになった」（29頁）とか，「銀行のリスク管理の中でもとくに強調されることは，信用リスク，つまり貸し倒れとなるリスクが特定の取引先に集中することである」（48頁）と指摘している。
（8） 例えばA社の融資の債権者であるB銀行は，定期的にプレミアム（保証料）を払うことによって，A社でデフォルトが生じた場合，その損失相当額をCDSの取引相手であるC保険会社から補償してもらえる仕組み。損失相当額を受け取る権利がプロテクションで，CDSはプロテクションの売買，プレミアムとプロテクションの交換（スワップ）と言える。
（9） J–CDS（Japan Credit Default Swap Market）のホームページによると，2010年6月末時点のCDSの想定元本残高は海外市場（日本を含む）で30.2兆米ドル，うち日本市場は11,104億米ドルとしている。
（10） 日本銀行「金融市場レポート―2007年後半の動き―」（2008年1月）・「金融システムレポート」（2008年3月），池尾［2009］，可児［2008］，Brummer［2008］参照。
（11） 次表にみられるように，米国の大幅な経常収支赤字が海外からの資本流入によってファイナンスされているが，そうした資金は住宅ローン市場に大量に流れ込んだとされる。

第3章　金融機関の信用リスク管理対応の課題

	1991〜1995年	1996〜2000	2001〜2005	2006〜2008
経常収支赤字（△）額	△3,688億ドル	△11,957	△27,472	△21,880
海外からの資本流入額（米国への資本流入額－米国からの資本流出額）	4,375億ドル	11,512	26,666	21,569

資料：米国商務省経済分析局資料より作成。

(12) Shiller［2008］では，「不動産価格が年々上昇を続けたことが，貸し手金融機関に貸出の基準やデフォルトリスクを緩めてもよいと誘因する雰囲気を作り出していった」(29頁) と述べている。

(13) こうした状況に関してはBrummer［2008］17-54頁や，貸し手の立場から現場体験を綴ったビトナー［2008］参照。

(14) Brummer［2008］では，「サブプライムローンはすべての人々に住宅を持てるという可能性を与え，アメリカンドリームを実現する展望を失くした人々に自分の家を得るという機会を与えた」(20頁) と述べている。

(15) Brummer［2008］によると，「プライムローンで取引する伝統的な住宅ローン市場は，長い間健全に育成されてきた。銀行は顧客の預金を考慮してローンのファイナンスを行なってきた。同時に借り手は支払い能力があるかどうかを厳重に詳しく調べられた。そして彼らが買おうとしている家の査定はきちんと行なわれるなど，適正な事前審査が実施された。貸し手は十分にリスクを取れると思う人々に対してのみ住宅ローンを実行した。借り手は十分な所得があること，良好なクレジット記録を持っていること，そして失業の心配のないことが求められた」(19頁) と説明している。

(16) Shiller［2008］では，サブプライムローン危機の解決に関し，不動産固有のリスクをよりよく理解し，そしてそれらのリスクがより効率的に広がるようなノウハウを身に付けるべきだと述べ，また借り手（信用力の低い世帯）への啓蒙を含め，借り手自身のリスク管理能力の向上を図ることに言及している。

(17) 柳川［2006］239-263頁。

(18) 倉都［2008］195-202頁。

(19) 「平成20年版経済財政白書」では，金融機関のリスク対応力も含め経済主体のあり方として「リスク・テイク」に言及しており，「適切なマネジメントの下でリスクを積極的に取っていくことは，個々の企

業の潜在的な収益力を高め，経済全体の新陳代謝を活発化し，ひいてはマクロ的な成長力を高める効果があると考えられる」(170頁) としている。
(20) 亀澤［2008］, 日本銀行「金融機関における与信ポートフォリオ・マネジメント」(2007年3月) 等参照。
(21) メインバンクシステムとリレーションシップバンキングとの関係については，渡辺・植杉［2008］123-125頁参照。
(22) 鈴木［2009］327-332頁。
(23) 金融庁では，2003年3月に中小・地域金融機関について，中小企業の再生と地域経済の活性化を図ることで不良債権問題も同時に解決していくことを目指し，2003年度および2004年度の2年間 (「集中改善期間」) を対象とした「リレーションシップバンキングの機能強化に関するアクションプログラム」を, その後2005年3月に2003年のアクションプログラムを承継する2005年度および2006年度の2年間 (「重点強化期間」) を対象とした「地域密着型金融の機能強化の措置に関するアクションプログラム」を策定，公表した。2次にわたるアクションプログラムを踏まえ，2007年度以降は地域密着型金融として恒久的な枠組みの中で推進していくことが求められている。
(24) 筒井・植村［2007］, 小野［2007］等。
(25) 渡辺・植杉［2008］では, 2000年代前半までのデータに基づき分析 (203-207頁)。
(26) 金融庁が2012年7月に公表した「地域金融機関の地域密着型金融の取組み等に対する利用者等の評価に関するアンケート調査結果」によると，地域密着型金融の取り組み全体に対する積極的な評価は5割弱で，「顧客企業との日常的・継続的な接触 (顧客企業への訪問等) の姿勢」については，積極的な評価が過半を占めているうえ，顧客企業のライフステージに応じた取り組み姿勢については，積極的評価が「成長段階にある取引先支援」および「経営改善支援」で4割程度,「創業・新事業開拓支援」で3割程度となっている。
(27) 益田［2008］。

第4章　金融機関の金利リスク管理の実態と対応

　金融機関の銀行勘定における金利リスク量が増大する傾向にある。これは資産と負債の残存期間または金利更改時期のミスマッチが拡大していることによるもので，流動性を中心に預金が順調に流入する一方，資金運用面において中小企業の景況不振および地域経済の低迷等を映じ，貸出金のウェイトが減少する中にあって，長期国債をはじめとする有価証券での運用が増加していることが背景にある。本章は現行規制下における金利リスクの位置付けを確認したうえで，金利リスク管理上の留意点をみた後，ビジネスモデルのあり方を考察したものである。

I　現行規制下における金利リスクの位置付け

1　金利リスク量増加の背景

　金融機関の銀行勘定における金利リスク量の増大が指摘されている[1]。こうした状況の背景としては，金利リスクは資金の運用・調達の残存期間または金利更改時期のミスマッチに起因することから，まず資金の運用面をみると，預貸率が低下する（特に都市銀行，信用金庫および信用組合の低下が顕著）間，預証率が上昇し（特に都市銀行の上昇が顕著），とりわけ国債のウェイトが増大している

（図4-1，表4-1）。国債の内訳では，地域銀行中心に長期国債の買付額割合が増加しているのが特徴である[2]（表4-2）。また，貸出については，緊急保証制度（期間10年）をはじめとする公的保証貸付の活用や，住宅ローン・地方公共団体向け貸出等相対的に期間の長い貸出の割合が増加し，貸出期間が長期化する方向にある[3]（国内銀行の貸出金末残に占める地方公共団体向け貸出金の割合〈日本銀行統計〉；2001年末2.0％→2003年末2.6％→2005年末3.2％→2007年末3.6％→2009年末4.7％→2011年末5.4％，設備資金と住宅ローンの動向は図4-2）。運用面で期間が長期化，一部で金利の固定化がみられる一方[4]，

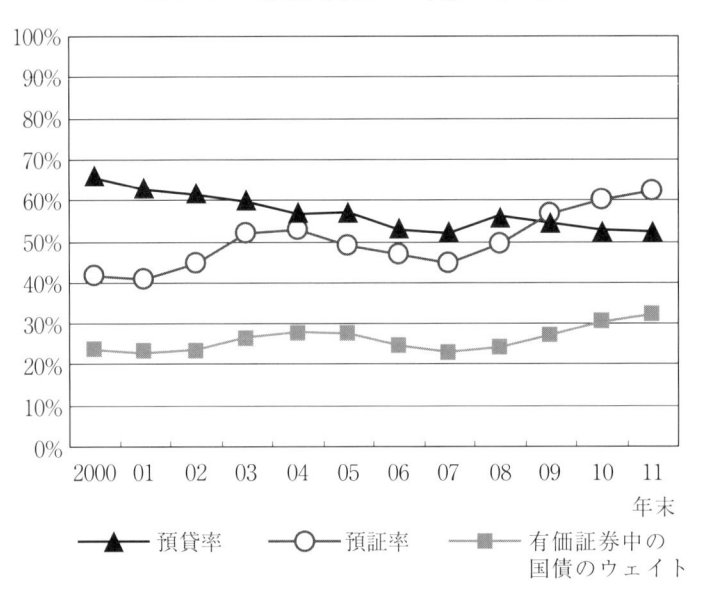

図4-1　国内銀行預貸率・預証率等の推移

注：1）国内銀行は都市銀行，地方銀行，第二地方銀行，信託銀行の合計。
　　2）預貸率＝貸出金／実質預金＋債券＋信託元本＋譲渡性預金
　　　　預証率＝有価証券／実質預金＋債券＋信託元本＋譲渡性預金
　　　　有価証券中の国債のウェイト＝国債／有価証券
資料：日本銀行「金融経済統計月報」より作成。

第4章　金融機関の金利リスク管理の実態と対応

表4-1　業態別預貸率・預証率の推移

(単位；%)

		2007/3月末	2008/3	2009/3	2010/3	2011/3	2012/3
預貸率	都市銀行	71.7	72.3	74.9	67.4	64.2	65.2
	地方銀行	72.8	73.9	75.5	72.7	72.1	70.8
	第二地方銀行	75.9	76.2	76.9	75.9	75.1	73.5
	信用金庫	56.9	55.8	56.2	54.6	53.2	52.0
	信用組合	58.2	57.4	57.4	56.1	54.7	53.3
預証率	都市銀行	35.2	32.2	34.3	42.4	47.5	51.7
	地方銀行	30.5	28.3	26.7	29.0	29.9	31.1
	第二地方銀行	24.4	23.4	22.1	23.8	24.6	25.7
	信用金庫	28.5	28.4	28.1	29.2	28.7	30.2
	信用組合	19.3	19.3	20.0	21.4	22.5	22.8

注：1）都市銀行は6行（みずほ銀行，三菱東京UFJ銀行，三井住友銀行，りそな銀行，みずほコーポレート銀行，埼玉りそな銀行）。
　　2）預貸率＝貸出金／預金＋譲渡性預金＋債券
　　3）預証率＝有価証券／預金＋譲渡性預金＋債券
資料：全国銀行協会「全国銀行財務諸表分析」，信金中央金庫「信金中金月報」および全国信用組合中央協会「全国信用組合主要勘定」より作成。

表4-2　最近の金融機関の国債買付額とうち超長期・長期利付国債の割合の推移

(国債買付額は各業態の2006年中の買付額を100とする各年の指数，かっこ内は国債買付額のうち超長期・長期国債の割合（%）)

	2006年中	2007	2008	2009	2010	2011
都市銀行（長信銀等を含む）・信託銀行	100 (30.0)	108 (34.0)	121 (27.9)	138 (25.1)	131 (29.3)	160 (21.0)
地方銀行	100 (44.9)	116 (42.3)	168 (46.2)	188 (53.6)	218 (63.8)	223 (60.4)
第二地方銀行	100 (50.4)	95 (32.0)	135 (28.2)	172 (47.3)	185 (60.1)	147 (60.1)
信用金庫	100 (17.5)	166 (9.4)	222 (21.8)	230 (31.6)	208 (47.4)	104 (59.3)

資料：日本証券業協会「国債投資家別売買高」より作成。

図4-2　国内銀行の貸出金末残に占める設備資金＋住宅資金の割合（各四半期末）

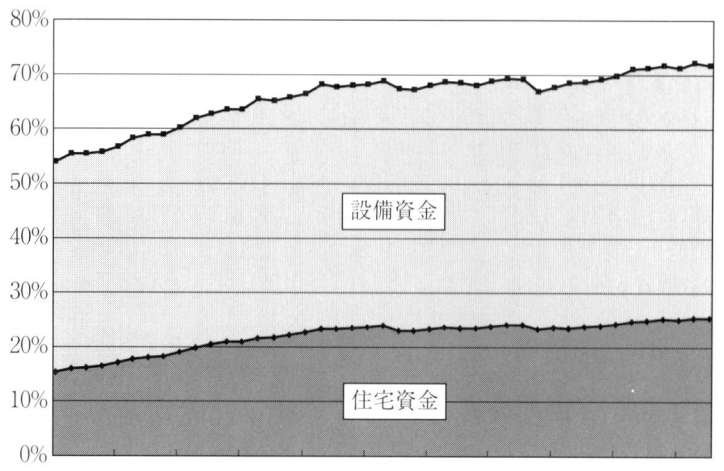

資料：日本銀行統計より作成。

図4-3　国内銀行の預金末残に占める定期預金の割合（各月末）

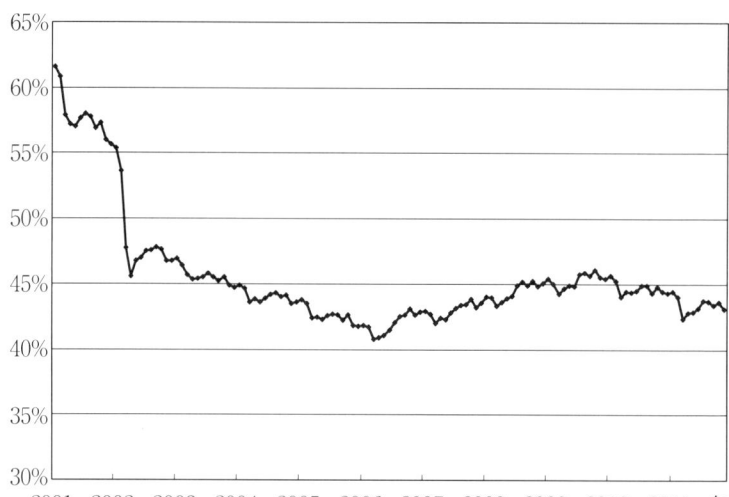

資料：日本銀行統計より作成。

第4章　金融機関の金利リスク管理の実態と対応

調達面では低金利継続に加え，ペイオフ解禁等を経て定期性預金から流動性預金への選好が高まり，定期性預金のシェアが漸減傾向にある（図4-3）など，短期化の方向が指摘でき，運用・調達の残存期間および金利更改時期のミスマッチが生じていることがわかる。なお，流動性預金は，金利変化のみならず，景気動向に伴う取引需要の変化，市場混乱時などへの備えとしての手元流動性の確保，金融機関の信用度の変化等によって変動することとなり，金融機関にとって制御は難しいとされる[5]。

2　アウトライヤー基準導入の経緯

　銀行勘定の金利リスクは，預金・貸出・有価証券取引等の伝統的な銀行業務を営むための勘定に係るリスクである。金利リスクは市場リスクのひとつで（他に為替リスク，価格変動リスクがある），資産と負債の金利更改時期または残存期間のミスマッチが存在している中で，金利が変動することにより，利益が低下ないし損失を被るリスクである。銀行勘定の金利リスクの取り扱いについて，バーゼル銀行監督委員会では，1988年の国際統一基準の合意時から課題とし，議論を重ねた結果，銀行勘定の金利リスクは潜在的に大きなリスクであるが，国際的に業務を展開する銀行において，内在する同リスクやそれをモニタリング・管理する過程がかなり異なり，ばらつきのあることが明らかになったとした。このため，バーゼルIIの最終文書（2004年6月，パラグラフ762）では，現時点においては第2の柱（銀行がそれぞれの手法に基づき算出した実際に取ろうとするリスクの総量に見合った自己資本の水準を確保しているか否かを，当局がリスク管理体制をレビューし，チェックすること）として取り扱うことが最も適切であるとされた。なお，キャピタル・ゲイン狙いの短期売買を行なうためのトレーディング勘定に係る金利リスクは，国

際統一基準が適用される銀行等を対象に第1の柱（最低所要自己資本比率）に「市場リスク」として計上されている（1996年合意）。

バーゼルIIの最終文書を受けて，金融庁では2005年11月に「バーゼルII第2の柱（金融機関の自己管理と監督上の検証）の実施方針について」を公表し，銀行勘定の金利リスクがバーゼルII第2の柱の中で潜在的に大きなリスクであるとされていることを踏まえ，早期警戒制度の枠組みに同リスクに係る基準を導入することとした。具体的には，銀行勘定の金利リスクを検証するに当たり，アウトライヤー基準（=銀行勘定の金利リスク量〈選択されたコア預金を前提に，標準的金利ショックを加えることによって計算される，銀行勘定の資産・負債・オフバランスシート項目のネットの経済価値の低下額〉が基本的項目（Tier 1）と補完的項目（Tier 2）の合計額の20％を超えるか否か）を設定し，早期警戒制度の「安定性改善措置」の枠組みの中で適切なモニタリングを行なっていくこととされた。その後この点が「主要行等向けの総合的な監督指針」および「中小・地域金融機関向けの総合的な監督指針」に盛り込まれ，準備期間を設けて2007年4月より適用されることとなった。

なお，第3の柱（市場規律）に基づく金利リスクのディスクロージャーについては，第2の柱のアウトライヤー基準に基づき当局に提出する金利リスク量ではなく，各金融機関が内部管理上使用している金利リスク量や，その算定方法等について開示することになっている。第3の柱の定性的開示項目は，金利リスクに関するリスク管理の方針および手続きの概要，内部管理上使用した金利リスクの算定方法の概要等であり，定量的項目は金利ショックに対する損益または経済的価値の増減額が開示されている。

3 アウトライヤー基準適用の意味

アウトライヤー基準の適用に際しては，①標準的金利ショックの選択は金融機関に委ねられること，②計算されるリスク量が左右されるコア預金の内部定義を適切に行なうこと，③②の内部管理で使用しているモデルに基づく高度なリスク計算方法は，その合理性を当局に説明できる場合に使用できることとされた。この間，総合的な監督指針によると，アウトライヤー基準に該当する場合であっても，当該金融機関の経営が不健全であると自動的にみなされるものではなく，当局としても必ずしも直ちに経営改善（金利リスク量を20％以下に抑えるとか，自己資本の積み増しを求める等）を求めるものではないとしている。また，改善が必要な場合でも，金融市場への影響等に十分配慮し，改善計画における方法や時期等が適切に選択されるよう，特に留意して監督を行なうとしている。

上記の総合的な監督指針改正案の公表に際してのパブリック・コメントにおいて，標準的金利ショックの①「上下200ベーシス・ポイントの平行移動による金利ショック」と，②「保有期間1年，最低5年の観測期間で計測される金利変動の1パーセンタイル値と99パーセンタイル値による金利ショック」の選択については，市場金利の状況等に応じて，随時（毎年）変更可能であると解してよいかとの問いに対し，金融庁では選択は銀行に委ねられるものの，「一般論として，マーケット環境の変化に応じてより適切な方法に変更することは認められるが，基本的にはできる限り一貫して使用することが望ましいと考えています」と回答している。アウトライヤー基準導入の意義に関しては，一義的には監督当局によるモニタリングが目的と考えられるが，金融機関経営の観点からは，①銀行勘定の資産・負債のすべてについて，従来期間損益ベースでみていたのを時価評価が行なわれるようになったこと（後述），②計測が困難

であった流動性預金について,「コア預金」の概念が明示的に導入されたことから，リスク管理の高度化につながる大きなインパクトがあったと指摘されている。[10]

II 金利リスク管理上の留意点

1 金利リスク管理対応

　金利リスクを管理するには金利動向を予測し，リスクを勘案のうえ，これに対応する資産・負債構成を検討することが求められる。こうした資産（運用）と負債（調達）のバランスを総合的に管理し，収益の最大化・リスクの最小化・適正な流動性保持を図る経営管理手法がALM（Asset Liability Management）であり，金融機関ではALM委員会等の独立した機関を設けてリスク管理を行なっているのが一般的である。

　金利リスクを管理するためには，まず取締役会等が金利リスク管理に関する戦略と方針を定め，これに基づいて金利リスク管理部門が金利リスク・エクスポージャーを有効に識別・計測し，モニタリングを行ない，コントロールするとともに，ALM委員会等へ報告する体制を整える。ALM委員会等は，金融機関の資産・負債項目の金利や為替レート等を予測し，それに相応するような資産・負債の量的および期間構成等の運営管理について議論し，自己資本等の経営体力比でリスクをコントロールすることが求められる。なお，計測結果については，実績比と比較するバック・テスティングによる検証が必要であるほか，計測の前提条件が崩れた場合を想定したストレステストの実施が重要となる。

　金利リスク・エクスポージャーを評価・管理するためのALMの

手法としては，期間損益ベース（金利の変化が期間損益ないし会計上の損益に与える影響）のマチュリティラダー分析やギャップ分析，現在価値ベース（銀行勘定の資産・負債から発生する将来のすべてのキャッシュ・フローの現在価値を算出）の感応度分析（GPS，BPV，SPV）やVaR分析が代表的である（表4-3）。その他にも期間損益ベースながら，金利変動やそれに対応する資産・負債の残高・構成の変化に関する複数のシナリオをおいて行なうシミュレーション分析などがあるが，どの方法を選ぶかは期間損益と現在価値のどちらを重視するか，また金融機関の追求するビジネスモデルによって異なると言えよう。[11]

金融庁の金融検査マニュアルに示されているように，金融機関が典型的にさらされている金利リスクの形態としては，金利更改リスク，イールドカーブ・リスク，ベーシス・リスクおよびオプション

表4-3 主な金利リスク計測手法

期間損益ベース	マチュリティラダー分析；保有している資産・負債を金利更改日ベースで残存期間別に集計し，一括して表示したもの。ギャップ分析；マチュリティラダー分析で示した資産と負債の差額（ギャップ）だけに注目して表示したもの。
現在価値ベース	感応度分析（現在価値は将来にわたって一定ではなく，金利の変化によって変動する）
	GPS；特定の期間（グリッド・ポイント）の金利が変動した場合の現在価値変化額。BPV；金利のイールドカーブを一律平行移動させた場合の現在価値変化額。SPV；イールドカーブの形状の変化を設定して，その金利感応度を計測。
	VaR分析；過去の一定期間のデータを基に将来のある特定の期間内にある一定の確率で発生しうる最大損失額を統計的手法により計測。

資料：栗谷・栗林・松平[2008]，吉田[2007]等より作成。

性のリスクがある。[12]金利更改リスクは，金利改定時期別の資産・負債残高がマッチングしていない場合，金利の変動に伴って損失が発生するリスクである。例えば3か月物で資金を調達し，これを原資に期間1年の固定金利貸出を実行すると，短期金利が上昇すれば，予想外の損失を被るといった事態が考えられる。日本銀行「金融システムレポート」（2008年3月）では，金利上昇局面においては，貸出の平均残存年数が長い金融機関ほど，市場金利の上昇を短期間のうちに貸出金利の上昇に反映させることが難しく，収益が圧迫されやすいと考えられると述べている。この場合，長期の資金調達を行なうとか，貸出期間を短期化するとか，変動金利貸出のウェイトを高めるとか，または資産のオフ・バランス化を進めるとか等によって，ポートフォリオ全体を適切に管理するよう努めることが想定される。

　イールドカーブ・リスクはイールドカーブの形状や傾きの変化によるリスクで，リスクの変動を計測し，ポートフォリオのデュレーションを変化させるとか，スワップなどによってヘッジするとかで対応する。ベーシス・リスクは，例えば同一期間の変動金利での調達・運用ながら，基準となる金利が異なる（調達は店頭表示金利，運用は長期プライムレート等）場合，支払金利と受取利息の金利調整の相関が不完全なことにより生じるリスクである。オプション性のリスクは，金融商品に埋め込まれているオプション性により生じるもので，コールやプットの特約付きの債券や，債務者に期限前償還の権利を付与した住宅ローンなど，金利水準の変化によりポジションの量や価値が変動するリスクである。いずれも資産の種類・銘柄およびオプション性商品の特性に応じて，正確なリスク計測を行ない，実際の取引に内包されているリスクとリスク・テイクの目的が整合的であるかどうかを検証する必要があろう。

第 4 章　金融機関の金利リスク管理の実態と対応

2　金利リスク管理の実態

　金利リスク管理の実態について，金融庁「金融検査結果事例集」（平成22・23検査事務年度前期・後期版）でみると，次のとおりである。市場リスク管理態勢について，「取締役会は，市場関連リスク管理規程を定め，市場リスク管理部門を市場リスク管理の所管部署，市場部門を市場取引部署としているほか，市場リスク管理部門にリスク量の計測やストレステストを実施させ，その結果をALM委員会に報告させることとしている」（地域銀行）など，態勢整備に取り組んでいる例が挙げられている。一方で，「常務会は，市場リスクを管理する仕組みを十分に構築していないほか，市場リスク量の計測方法について適切性の確認や見直しの必要性を検討していない事例」（信用金庫および信用組合）や，「審査部門が，CMBS購入時のリスク把握等について，市場リスク管理規程において，具体的な確認方法や判断基準を定めていない等の事例，市場リスク管理部門が，現行のシナリオがポートフォリオ特性を踏まえたものとなっていないことを認識しているにもかかわらず，その見直しを検討していない事例」（主要行等および外国銀行支店）がある。

　また，「ALM委員会は，中期的な市場トレンドの出現（債券価格の下落や震災以降の株価下落時等）を契機に，臨時の会合を機動的に開催し，対応策（リスク量・ポジションの縮減）および運用方針を活発に協議するなど，柔軟で実効性のあるリスク管理およびALM運営を行なっている」（主要行等および外国銀行支店）先がみられる反面，「リスク管理委員会においては，構成員である各常勤理事の市場リスク管理に係る経験，知識が十分なものでないことなどから，モニタリング資料に基づく業況報告や損益等を確認するにとどまっており，市場リスク管理方針について実質的な協議・決定を行なう場として機能していない」（信用金庫および信用組合）とか，「有価

証券ポートフォリオの積極的な積み増しなどから，アウトライヤー比率が急上昇する中，ALM委員会は，ストレステストをリスクコントロールの重要なツールとして活用しておらず，経営戦略としての金利リスクの許容度等について，具体的な検討を行なっていない」（地域銀行）といったケースが示されている[13]。

市場リスク管理態勢の整備状況を金融庁の金融検査評定結果（全業態が対象）によって検証すると，表4-4のとおりここ5年間で，総じてA評価（強固な管理態勢が経営陣により構築されている状態）とC評価（経営陣による管理態勢の構築が不十分で，改善の必要が認められる状態）以下のウェイトが減少する一方，B評価（十分な管理態勢が経営陣により構築されている状態）の割合が増えている[14]。また，直近時点での全評定項目平均との比較では，C評価以下が平均を下回り，A評価，B評価が平均を上回るなど，全体として改善の方向にあるとみられる。金融機関は一般に資金の運用・調達に係る残存期間および金利更改時期のミスマッチを利用することで収益を上げている。したがって完全にミスマッチをなくすことはできないが，過度の金利リスクは金融機関の損益および資本基盤に大きな影響を

表4-4　金融検査評定結果での市場リスク管理態勢項目の分布状況

（単位；先，％，かっこ内は全評定項目平均）

対象期間		2007/4～2008/6月末	2008/7～2009/6	2009/7～2010/6	2010/7～2012/6
検査実施先		314	234	176	325
評定分布	A評価	2.1 (1.6)	6.6 (5.5)	2.4 (0.9)	0.6 (0.4)
	B評価	74.4 (72.2)	79.6 (84.7)	79.8 (79.0)	84.7 (79.7)
	C評価以下	23.5 (26.2)	13.8 (9.8)	17.7 (20.1)	14.7 (19.9)

注：評価項目は市場リスク管理態勢の他は，金融検査マニュアルに示されている経営管理（ガバナンス）態勢，法令等遵守態勢，顧客保護等管理態勢等9項目。評定はA，B，CおよびDの4段階。
資料：金融庁「金融検査評定結果の分布状況について」より作成。

与えることになる。金融機関が安全性・健全性を確保するためには，体力の範囲内でどれだけのミスマッチ・ポジションを取っていけるかにかかっている。また，特に地域金融機関の場合，金利感覚に優れた専門的な人材の育成も喫緊の課題とされる。

Ⅲ 今後のビジネスモデル

　金融機関の金利リスク量が増大している背景には，本源的業務である貸出金に係る預貸率が趨勢的に低下しているという状況がある。貸出金が金融機関業務の中核をなしていることは言うまでもなく，収益力の源泉となっている。[15] 表4-5に示されるように金融機関の利益の中心は，資金運用収益（貸出金利息，有価証券利息配当金等）から資金調達費用（預金利息等）を差し引いた資金運用益（経常利益ベース）であって，有価証券運用に係る部分は，変動が大きい。例えば，2008年度決算では，外国債券を中心とする国債等債券償却の増加や，株式関係損益の大幅損失から「その他業務収支」（国債等債券売却損益・償還損益等）や「その他経常収支」（株式等売却損益等）の悪化が目立った（その他経常収支では貸倒引当金繰入額や貸出金償却のウェイトも大きい）。なお，業態別の収益構造をみると，地域銀行では資金運用益のウェイトが圧倒的に高い一方，都市銀行では資金運用益の割合が大きいものの，役務取引等収支やその他業務収支もかなりのウェイトを占めている（2011年度決算では，地域銀行の資金運用益の割合が97％であるのに対し，都市銀行では資金運用益のウェイトが約7割，役務取引等収支が同約2割，その他業務収支が1割強となっているのが特徴）。

　資金運用収益の内訳では，貸出金利息の占める割合が圧倒的に高

81

表4-5　各決算期の金融機関経常利益の内訳

（単位；％，経常利益を構成する各項目の合計額を100とした構成比，△は損失）

	都市銀行					地方銀行				
	2007年度	2008	2009	2010	2011	2007年度	2008	2009	2010	2011
資金運用益	75.6	158.2	89.3	74.5	67.9	101.5	144.4	99.9	97.3	91.3
役務取引等収支	23.5	42.7	23.2	20.9	20.5	14.9	17.3	11.6	11.4	10.9
特定取引収支	23.1	21.7	9.0	8.2	4.7	0.5	0.6	0.3	0.1	0.1
その他業務収支	△5.2	△1.2	1.9	10.8	14.5	△3.6	△14.6	4.0	4.7	4.4
その他経常収支	△17.1	△121.5	△23.3	△14.4	△7.6	△13.2	△47.6	△15.7	△13.6	△6.7

	第二地方銀行					信用金庫				
	2007年度	2008	2009	2010	2011	2007年度	2008	2009	2010	2011
資金運用益	110.1	192.6	114.6	105.3	97.6	120.0	148.4	112.2	107.4	106.8
役務取引等収支	9.8	13.2	7.3	7.3	7.1	5.5	6.2	4.5	4.4	4.4
特定取引収支	―	―	―	―	―	―	―	―	―	―
その他業務収支	△2.7	△52.9	5.2	6.5	5.4	△5.2	△13.9	1.9	7.1	5.9
その他経常収支	△17.3	△52.9	△27.1	△19.0	△10.1	△20.3	△40.7	△18.6	△18.8	△17.1

注：信用金庫のその他経常収支は臨時損益ベース。
資料：全国銀行協会決算発表および信金中央金庫「全国信用金庫概況」より作成。

い（2011年度決算における資金運用収益中の貸出金利息のウェイト；都市銀行68.1％，地方銀行77.3％，第二地方銀行83.3％，信用金庫71.9％）ものの，預貸率が低下する中で，貸出金利息の減少を補い安定的な収益源の確保のために，長期国債の購入に向かっているのが実情であるが，それに伴い金利リスク量の増大を余儀なくされるという構図となっている。預貸率は地域経済の活動水準と密接な関係にあり，金融機関の固有業務における行動の結果を総合的・象徴的に表しているものとみられ，低下傾向に対しては，金融機関の情報生産活動（借り手の業況把握等）の強化や，地域への資金還元が求められる。[16]

大手行の場合，金融庁「平成24事務年度主要行等向け監督方針」（2012年8月）によると，実体経済，企業のバックアップ役としての

第4章　金融機関の金利リスク管理の実態と対応

サポートが求められるとともに，成長産業として経済をリードすることが期待されている。そのためには，企業の成長，事業の再生・再編および起業等をファイナンスする成長資金の供給を拡大することや，中小企業向けの融資に関し，コンサルティング機能の発揮，抜本的な事業再生等に向けた取り組み等が行なわれ，また住宅ローン等の個人融資について適切かつ丁寧な顧客説明ときめ細かな融資判断を通じた資金供給の円滑化が必要とされる。

地域金融機関のビジネスモデルを描くに際し，指針となるのは金融庁から打ち出されたリレーションシップバンキング・地域密着型金融への取り組み（詳細は第3章「金融機関の信用リスク管理対応の課題」参照）と，同協同組織金融機関のあり方に関するワーキンググループが公表した「中間論点整理報告書」（2009年6月）と言えよう。中間論点整理報告書では，協同組織金融機関として，きめ細かな金融機能の発揮，中小企業再生支援機能の発揮，生活基盤支援機能の発揮，地域金融支援機能の発揮およびこれらの役割を担っていくための情報提供，アドバイス等のコンサルティング機能の一層の強化が求められるとしている。また，過去20年間の協同組織金融機関において，預貸率の低下や預証率の上昇がみられること，さらに貸出の中身について協同組織金融機関の本来的な目利きが必要とされる製造業や卸・小売業向けの貸出が減少していることを捉えて，地域金融機関として地域への資金還元が十分に行なわれていない，貸出の実態が協同組織金融機関の理念から遠ざかっているとの指摘があると述べている。一方で，新規案件の掘り起こしや再生支援，コンサルティングという観点から，さらに機能を果たしていく余地があるとの指摘もみられるとしている。

いずれにしても今後の金融機関のビジネスモデルを考えていくうえで，預貸率を引き上げていくためには，成長力の高い企業や事業

分野の発掘・支援，地域密着による取引先との信頼関係を強め，固有の融資業務の深耕は勿論，取引先への創業・新規事業支援や経営改善支援，事業再生への取り組みをいかに推進していくことができるかが重要となる。なお，金融機関が預貸率を高める方向を志向することは，各種リスク管理対策を行なっていく中で，相対的にみて，他のリスク管理に比べ信用リスク管理が金融機関の本来業務に係る部分であり，審査管理体制の整備等が進み，得意とする分野であると考えられることが背景にあると言えよう。

(1) 日本銀行「2012年度の考査の実施方針等について」(2012年3月)によると，「地域金融機関を中心に，金利リスク量が一段と増加している先が多い」としている。
(2) 日本銀行「金融システムレポート」(2011年10月，2012年4月)では，大手行の場合，金利リスク抑制の観点から短中期ゾーン中心の運用を続けており，平均残存年限は2年半ば程度に抑えられている一方，地域銀行は有価証券利回りを確保し全体の収益力を維持するため，長期ゾーンへの投資額が引き続き大きく，足もとの平均残存年限は4年程度に達しているとしている。
(3) 住宅金融支援機構「平成23年度民間住宅ローンの貸出動向調査結果」(2011年12月)によると，住宅ローンの貸出期間に関し，2010年度の新規貸出における約定貸出期間は平均25.3年ながら，同年度の完済債権における貸出後の経過期間は平均14.7年だったとのこと。
(4) 住宅金融支援機構「平成23年度民間住宅ローンの貸出動向調査結果」(2011年12月)によると，2010年度の金利タイプ別の新規貸出額は，都市銀行・信託銀行は変動金利型が9割を超えているほか，地方銀行，第二地方銀行，信用組合でも変動金利型が主流となっているが，地方銀行等では変動金利型のウェイトは約5割(地方銀行52.1％，第二地方銀行49.1％，信用組合48.1％)で，信用金庫では同38.6％。
(5) 日本銀行「コア預金モデルの特徴と留意点―金利リスク管理そしてALMの高度化に向けて―」(2011年11月)。
(6) 1996年1月に最終案が公表されたバーゼルⅠの市場リスク規制において，銀行勘定の金利リスクが自己資本の賦課対象とならなかったこ

第4章　金融機関の金利リスク管理の実態と対応

とについて，氷見野［2005］では，あまり極端でない銀行勘定の金利リスクはむしろ信用リスクのヘッジとして役立つ場合があり，ある程度の金利のミスマッチは銀行業務の正常な姿であるとバーゼル委員会が判断したものと考えられるとしている（118－123頁）。
（7）　①上下200ベーシス・ポイントの平行移動による金利ショック，または②保有期間1年，最低5年の観測期間で計測される金利変動の1パーセンタイル値と99パーセンタイル値による金利ショック。
（8）　コア預金の定義については次の①，②のいずれかを選択し，一度選択した定義は合理的な理由がない限り継続して使用しなければならないとされている。①過去5年の最低残高，過去5年の最大年間流出量（過去5年で一度も預金の大宗において金利上昇がなかった場合は，過去5年を超える直近の金利上昇時の年間流出量）を現残高から差し引いた残高，または現残高の50％相当額のうち，最小の額を上限とし，満期は5年以内（平均2.5年）として金融機関が独自に定める。②金融機関の内部管理上，合理的に預金者行動をモデル化し，コア預金額の認定と期日への振り分けを適切に実施している場合は，その定義にしたがう。
（9）　こうした配慮は，吉井［2007］によると，例えばアウトライヤー基準に該当した金融機関に対して，直ちに厳格な措置を適用することとした場合，金融機関が金利リスク削減のため長期国債を大量に売却してくる可能性があり，このような事態を回避することも念頭においていると思われるとのことである（294頁）。
（10）　栗谷・栗林・松平［2008］33－34頁，48－49頁，200－202頁等。
（11）　資金量規模のばらつきの大きい東京都内所在の信用金庫の2011年度決算のディスクロージャー誌をみると，約6割の先がGPS方式を採用し，その他はマチュリティラダー・ギャップ方式の先が多い。
（12）　詳細はバーゼル銀行監督委員会「金利リスクの管理と監督のための諸原則」（2004年7月，日本銀行仮訳）参照。
（13）　中小・地域金融機関の市場リスク管理態勢の現状について，栗谷・栗林・松平［2008］では，組織面において①リスク管理委員会などの運営ルールは文書で存在するが，効果・効率的な実運用には課題が多い，②専門知識を有するスタッフの確保が難しいとし，技術面に関し，①リスク値の計算までにとどまっており，意思決定を促す水準にまで達していない場合がある，②規制対応がメインになっており，本質的なリスク管理高度化へ向かっていない例がある等の問題点を指摘して

いる（8-10頁）。
(14) Ｃ評価以下はＣ評価とＤ評価で，Ｄ評価は「管理態勢に欠陥または重大な欠陥が認められる状態」。
(15) 堀江［2008］によると，金融機関の存在意義は「近年のわが国のように，市場金利が低い状態が長く続き，債券運用等では利益を確保し難い状況のもとでは，本来的な業務である貸出に関するノウハウ等が収益力の大きな決定因となる」(108頁) とし，「貸出を主業務とする地域金融機関が果たすべき役割が存在する」(109頁) と指摘している。
(16) 岩佐［2009］44-59頁。なお，最近の預貸率の低下は次表のとおり預金が順調に増加している一方，貸出金が伸び悩んでいる結果である。

	預金（含む積金）前年比増加率；%					貸出金前年比増減（△）率；%				
	2008/3月末	2009/3	2010/3	2011/3	2012/3	2008/3月末	2009/3	2010/3	2011/3	2012/3
都市銀行	1.5	2.0	2.2	4.2	0.6	△0.3	5.3	△5.4	△2.8	0.2
地方銀行	1.0	2.3	3.5	2.5	3.9	2.6	4.3	0.0	1.7	2.7
第二地方銀行	1.7	1.0	1.2	1.5	3.6	2.4	1.5	△0.2	0.9	1.8
信用金庫	2.1	1.5	1.7	2.0	2.4	0.1	2.1	△1.1	△0.6	0.1
信用組合	1.6	0.2	2.3	2.9	3.3	0.2	0.2	△0.0	0.1	0.6

資料：全国信用金庫協会「信用金庫」より作成。

第5章　金融機関の流動性リスク管理を巡る問題

　2007年夏以降の国際金融資本市場の混乱とその後の金融危機局面において，わが国金融機関の流動性リスクは抑制された状態にあるとされているが，この間，金融機関の資金の運用・調達面の残存期間のバランスをみると，マチュリティ・ミスマッチが拡大しているように窺われる。本章はこうした状況の背景を検証したうえで，これに対する当局の点検項目等を確認し，また金融機関のPDCAサイクルの実施や，リスク量の把握等の流動性リスク管理への対応態勢を考察したものである。

I　流動性リスクの態様と顕在化事例等

1　流動性リスクの態様

　流動性リスクとは，金融庁「金融検査マニュアル」によると，①運用と調達の期間のミスマッチや予期せぬ資金の流出により，必要な資金確保が困難になる，または通常よりも著しく高い金利での資金調達を余儀なくされることにより損失を被るリスク（資金繰りリスク〈資金流動性リスク〉），および②市場の混乱等により市場において取引ができなかったり，通常よりも著しく不利な価格での取引を余儀なくされることにより損失を被るリスク（市場流動性リス

ク）と定義されている[1]。流動性リスクが顕在化する場合の要因を想定すると，金融機関における多額な損失の発生，赤字決算や格下げ，株価下落といった金融機関固有の事象に基づく内生的要因によるケースと，リーマン・ショックや欧州債務危機といった市場環境の変化に伴い市場が機能しなくなる外生的要因によるケースが指摘される。流動性リスクが顕在化する要因として，日本銀行「金融機関の流動性リスク管理に関する日本銀行の取り組み」（2009年6月）では，①資金調達サイドに起因する要因（予期せぬ資金の流出，新規資金調達の困難化），②資金運用サイドに起因する要因（市場運用や貸出の回収不能，予期せぬ資金運用の増加，保有資産の市場流動性の低下），③その他の要因（事務事故等に起因する取引相手からの入金の不調，自行コンピュータ・システムのトラブル，決済システムのトラブル等）を挙げている。

　また，Carrel［2010］では，流動性リスクは独立型のリスクではなく，多様な要因ないしその結合から生ずるとする。2007〜08年の金融危機で明らかになったように，資産の配分や資金調達戦略の結果といった内生的要因に加え，取引相手の状態や規制等の外生的要因のおよぼす影響が大きい。したがって，流動性リスク管理は外生的変化に対応して，いかに内生的要因のバランスを取っていくことができるかということであり，流動性の問題は究極的なオペレーショナル・リスクであるとしている[2]。

　個別金融機関において，いったん流動性リスクが顕在化すると，いかに自己資本比率が高く，経営内容に特に問題がないとみられる先でも，自力での資金調達が困難となり，経営の根幹を揺るがしかねない事態の発生が考えられるほか，一金融機関に生じた流動性危機が金融システム全般に伝播する恐れもある。このため，最後の貸し手として，また決済システムの円滑な運営上等から，中央銀行は

第 5 章　金融機関の流動性リスク管理を巡る問題

金融機関の流動性の状況を注意深くモニタリングし，場合によっては流動性の供給を行なうなどしており，個別金融機関の流動性リスク管理の前提として，中央銀行の存在が密接に関係してくる。流動性リスクの特徴は，信用リスクや市場リスク等の他のリスクのようにVaR等の指標によって定量化し，自己資本と比較・割当てておくことが難しいうえ，バッファーとしての自己資本を想定しておいても，大量の資金流出が起こった場合には対応することが極めて困難とみられる点である。したがって，危機時に備えていかに流動化できる資産を保有しているかが肝要であり，流動性リスクへの対応としては，資産・負債の流動性の特性を考慮して検討しておくことが必要となる。

2　流動性リスクが顕在化した事例

これまで流動性リスクが顕在化した主な例として，

① 1927年の金融恐慌時に多くの銀行が預金取り付けに遭うとともに，休業を余儀なくされた例，

をはじめ，

② 第一次石油危機後の1974年に米国のフランクリン・ナショナル銀行と，西独のヘルシュタット銀行の破綻を契機に生じたユーロ市場の混乱から，当時なお世界的な知名度が低く，原油値上げに伴い外貨資金手当てが急増していた邦銀が，市場の一般的な取り入れ金利より高い上乗せ金利（ジャパン・プレミアム）を要求されたケース，

③ 1995年に木津信用組合に預金者が預金払い戻しを求めて殺到し，最終的に破綻に至った例，

④ 1997～98年に北海道拓殖銀行や山一證券などの破綻を契機とする金融システムの不安を背景に，邦銀の外貨調達金利が欧米

89

金融機関と比較して高目となるジャパン・プレミアムが発生したケース，
⑤　2007年に預金取り付け騒ぎにより破綻した英国のノーザンロック銀行の例と，2008年の破綻に至るまでごく短期間のうちに流動資産が激減した米国リーマン・ブラザーズの例，
⑥　2009年以降欧州諸国の国債の利回りが大幅に上昇し，それを大量に保有してきた欧州の銀行が市場で信用を失い，調達コストの上昇や資金調達が困難になるという事態が生じ，特に2011年末にかけて状況が悪化した例，
等が挙げられる。

II　流動性リスクの現状と当局の対応

1　流動性リスクの現状

　2007年夏以降の国際金融資本市場の動揺とそれに続く金融危機の局面において，わが国の金融機関は，全体として深刻な流動性面での危機に陥ることなく，流動性リスクは抑制された状態にあるとされている[7]。こうした状況の背景としては，①わが国の金融機関の場合，国内において豊富な円資金の安定的な資金調達基盤を有していること，②金融機関のバランスシートの健全性が保たれていること，③日本銀行による金融市場への潤沢な資金供給や，米ドル資金供給オペレーションの実施等の各種施策が抑制に寄与したこと等が指摘される[8]。
　この間，金融機関の資金の運用・調達面の残存期間のバランスをみると，マチュリティ・ミスマッチが拡大しているように窺われる。すなわち，第4章「金融機関の金利リスク管理の実態と対応」で述

第5章　金融機関の流動性リスク管理を巡る問題

べたように，運用面に関しては，貸出期間が長期化する方向にあるうえ，国債での運用のウェイトが増大する中，地域銀行中心に長期国債の買付額割合が上昇している。運用面で期間が長期化する一方，調達面では短期化の方向が示されている。

　さらに，金融機関が一定額までの与信の供与を約束するコミットメントラインの契約額が増加しており（図5-1），金融機関としてはいつ与信実行を請求されるかわからないリスクを抱えていることになる。加えて金融機関の業務の高度化・複雑化・IT化等に伴い，これらに起因する事務ミスが増加していることや，大規模なシステム・ダウンの発生等風評リスクを誘発しかねない状況がみられるほか，リーマン・ショックや欧州のソブリンリスク問題等その発生時期・影響度を予測することが極めて困難な，グローバルかつマグニチュードの大きな金融危機に巻き込まれるリスクに常にさらされている。

図5-1　国内銀行のコミットメントライン契約額末残の推移（各月末）

（千億円）

資料：日本銀行統計より作成。

2　流動性リスク管理に対する当局の点検項目等

　こうした状況下，日本銀行「2012年度の考査の実施方針等について」（2012年3月）によると，流動性リスクに関し，経営陣の関与の下で，①外貨を含めた流動性リスク・プロファイルを適切に把握しているか，②財務状態や資金調達能力等に照らしたリスク限度枠等が設定され，遵守のためのモニタリングやコントロールの体制が構築されているか，③預金や市場の動向等資金調達環境について，日頃から情報共有がなされ，局面変化に迅速に対応できる体制となっているか等を点検するとのことである。すなわち，流動性リスク・プロファイルを踏まえたストレステストを実施し，資金化可能な流動資産や非常時調達手段の十分性を検証しているか，流動性コンティンジェンシー・プランにおいて，各種ストレス状況への対応方針，組織内の権限・責任範囲，発動等の手順等を定めるとともに，訓練等を通じて実効性が確保されているか，国際的に活動する金融機関では内外のグループ内の適切な流動性管理が行なわれているかといった点である。また，金融庁「平成24検査事務年度検査基本方針」（2012年8月）では，海外に拠点を持つわが国金融機関や在日拠点を有する外国銀行等について，流動性リスクをグローバルベースで適切に管理する態勢となっているか等を重点的に検証し，その際国境をまたいだ本支店間の流動性管理を含むグループ内の各社にわたる流動性管理や，外貨流動性管理の適切性，必要な流動性資産の保有状況についても着目するとしている。

　国際的にはリーマン・ブラザーズの経営破綻やその後の金融危機が，金融機関や金融市場の流動性不足に係わって展開したことから，流動性の確保を求める規則を導入すべきとの考えが強まった。この結果，バーゼル銀行監督委員会は2009年12月に市中協議文書「流動性リスクの計測，基準，モニタリングのための国際的枠組み」を公

第5章　金融機関の流動性リスク管理を巡る問題

表し，国際的に活動する金融機関の指針であるバーゼルⅢのひとつの柱として，初めて流動性に関する国際的な統一基準が導入されることとなった。[11]二種類の流動性規制の指標が提示され，1番目は短期間（30日間）市場にストレスがかかり，資金が流出し続けた場合でも十分耐えられる流動性の高い資産の確保を求める「流動性カバレッジ比率（LCR）」が100％以上であること，2番目は長期的（1年間）視点から，資金の運用をカバーする調達を求める「安定調達比率（NSFR）」が100％超であることとされた。各々モニタリングの期間を経て，LCRが2015年から，NSFRが2018年から正式に適用される[12]（表5‐1）。

表5-1　流動性規制の各比率の内容

比率	流動性カバレッジ比率 ＝①流動資産額／(③資金流出額－②資金流入額)	安定調達比率 ＝⑤安定調達額／④所要安定調達額
算定方法	①～⑤の金額については，各構成項目に一定の掛目（かっこ内，％）を乗じて算出。 ①の項目； ・現金・中銀預金（100） ・国債，中銀発行証券，政府・中銀保証債等（100）等 ②の項目； ・健全資産（30日以内に償還期限を迎える部分のうち，ロールオーバーが予定されていない額）（100）等 ③の項目； ・リテール預金（安定した個人・中小企業預金（5），その他の個人・中小企業預金（10）） ・ホールセール調達（安定した事業法人・地方公共団体等預金（25），政府・中銀・公共部門等からの無担保調達（75），金融機関からの無担保調達（100）等 ・3ノッチ格下時の追加担保需要（100） ・非金融法人向けの信用供与枠（未使用額）（10） ・金融機関向け信用供与枠（未使用額）（100）	④の項目； ・国債，政府保証債，国際機関債等（5） ・非金融機関発行の社債等（AA格以上）（20） ・非金融機関発行の社債等（A⁻格～AA⁻格），金，上場株式，事業法人向け貸出（残存期間1年未満）（50） ・個人向け貸出（残存期間1年未満）（85） ・高品質の貸出（抵当権付住宅ローン等）（65）等 ⑤の項目； ・資本（Tier1, Tier2等）（100） ・残存期間が1年以上の負債（100） ・個人・中小企業からの安定した預金（90） ・個人・中小企業からのその他の預金（80） ・非金融機関からのホールセール調達（満期の定めがないまたは残存期間1年未満）（50）等

資料：大山［2011］172頁，176頁，金融庁・日本銀行「バーゼル銀行監督委員会によるバーゼルⅢテキストの公表等について」（2011年1月）より作成。

第5章　金融機関の流動性リスク管理を巡る問題

Ⅲ　流動性リスク管理への対応

1　PDCAサイクルの実践とその評価

　流動性リスク管理の基本は，金融庁の金融検査マニュアルに示されているように，経営陣がPDCAサイクルの枠組みを認識した取り組みを進めることである。方針の策定（Plan）では，流動性リスク管理の重要性を十分に理解し，①担当取締役および取締役会等の役割・責任，②流動性リスク管理部門および資金繰り管理部門の設置，権限の付与等，③限度枠の設定，④リスクの特定・評価・モニタリング・コントロール・削減等が明確に記載されたリスク管理方針を定め，定期的または必要に応じて有効性の検証，見直しを行なう。内部規程・組織体制の整備（Do）では，リスク管理方針に則り，内部規程（リスク管理規程）を策定し，①限度枠の適切な設定，②流動性リスク管理部門・資金繰り管理部門の態勢整備，③報告・承認態勢の整備，④内部監査実施要領・内部監査計画の策定等を図る。分析・評価（Check）では，流動性リスク管理の状況を的確に分析し，実効性の評価を行なったうえで，態勢上の弱点・問題点とその原因を適切に検討・検証する。改善活動（Act）では，分析・評価の結果に基づき当該問題点および態勢上の弱点を改善する態勢を整備し，それをフォローアップする態勢を整備する。

　次にやや具体的に流動性リスク管理部門および資金繰り管理部門の管理者・管理部門が実施すべき主なチェックポイントをみると[13]，第1に流動性リスクの分析・評価がある。金融機関の業務の規模・特性およびリスク・プロファイルに見合って，①預貸金計画と実績の乖離，②運用・調達の通貨・商品・期間別の構成および残

高，③市場性資金調達状況，④特定先への調達依存（集中リスク）状況，⑤支払準備資産の残高等の状況を把握して分析・評価を行なう必要がある。こうした資金繰り状況や資金調達額等について，リスク管理指標・ガイドライン（運用・調達ギャップ限度枠，市場資金調達枠等）を設定し，モニタリングを行ない，適切に評価・判断するとともに，経営宛報告を実施する。第2に資金繰り運営・管理については，拠点毎および通貨毎の日次ならびに週次，月次および四半期ベースの資金繰り見通し表の作成が求められる。また，①大口資金移動の集中管理，②運用・調達の通貨別・商品別・期間別の構成の管理，③預金等の期落ち管理，④支払準備資産の管理等を行ない，資金繰りへの影響を早期に把握する。さらに万が一の危機発生時を想定した有価証券の処分や借入枠の設定など，資金調達手段を確保しておく必要がある。

　第3に危機発生時への対応策（コンティンジェンシー・プラン）を策定し，当該時の連絡・報告体制，調達手段の確保等の対処方法，決裁権限・命令系統の明確化等を定め，周知徹底を図る。「平常時」，「懸念時」，「危機時」等のフェーズ設定を行ない，各局面に応じたアクションプログラムを取りまとめるとともに，定期的に訓練を実施することにより，実効性の確保・向上に努める必要がある。平常時であっても，例えば日頃から各種の情報収集や風評リスクの発生防止に留意するほか，危機発生時における迅速な情報伝達，適切な資金手当て，現金輸送方法等を検討しておくことが肝要である。第4にストレステストの実施がある。これは市場に大きなショックが発生した場合等の何種類かのストレス・シナリオに基づき，どの程度の資金流出・不足が発生するかをシミュレーションし，そうした事態に備えて流動性の高い資産を積み増すとか，資金調達手段の多様化等を検討・手当てしておくことが求められる。第5にグローバ

第 5 章　金融機関の流動性リスク管理を巡る問題

ルに業務を展開する金融機関は，国際的な金融市場の混乱等に備え，現地での資金調達力を高めておくとか，グループ内でスムーズに資金融通を行ない，現地での資金ニーズに円滑に対応できるようにしておくことが重要となる。

　こうした流動性リスク管理に関し，金融機関がどう対応しているかを日本銀行「わが国金融機関の流動性リスク管理に関するアンケート調査結果」(2010年10月) でみると，対象金融機関 (日本銀行の取引先金融機関512先) の大方の先において，「リスク管理にかかるガバナンス体制の整備」，「流動性リスク・プロファイルの把握とバランスシート運営」，「日々の資金繰りの安定性確保」，「緊急時における対応」については，相応に整備されている一方，「ストレスへの対応力の確保」，「グローバルな流動性リスク管理体制の整備」については，改善の余地が少なくないことが明らかになったとしている (表 5‐2)。また，金融庁「金融検査結果事例集 (平成22検査事務年度後期版)」(2011年 7 月)・「同 (平成23検査事務年度前期版)」(2012年 2 月) によると，不備事例について，在日支店の例として，①円資金不足が生じた場合の調達責任部署が明確にされていない，②支店長が本国本部の行なうストレステストの結果を確認していない，③当該店のコンティンジェンシー・プランに関し，支店長は資金逼迫時等における本部や他店との協調手順，調達手段確保等の対応策を定めていない，といった点を指摘している。さらに主要行等の例として，ストレステストに関し，①流動性リスク管理部門による，ストレス対象項目の網羅性の検討が不十分で，マーケット変動時におけるデリバティブ取引の差入担保増加による資金流出分が考慮されていない，②他行からのコミットメントライン借入調達が，契約上謝絶される恐れがあるにもかかわらず，支払準備資産として100％考慮しているケースが挙げられている。加えて地域銀行の例

として，「風評リスク発生時の緊急時対応計画」で緊急時のレベル（要注意時，懸念時，危機時）を定めているが，リーマン・ショック時に設定した「危機時」の判定基準がその後も解除されていないことから，現状の同行のリスク特性と不整合なうえ，リスク管理委員会で解除の検討を行なっていない例が指摘されている。

表5-2　流動性リスク管理に関するアンケート調査結果

(各質問事項に「有」と回答した割合；%)

	大手行	信託銀	地銀	地銀Ⅱ	信金	その他とも計
リスク管理にかかるガバナンス体制の整備〈方針（規程）の策定〉	100	100	100	100	100	99
流動性リスク・プロファイルの把握とバランスシート運営〈流動性リスク管理指標の有無〉	100	100	98	98	85	91
日々の資金繰りの安定性確保〈2日以上の資金繰り見通し作成〉	100	93	100	98	84	90
ストレスへの対応力の確保〈ストレス・テストの実施〉	90	60	62	29	11	31
緊急時における対応〈緊急時における流動性対応計画〉	100	93	100	98	99	98
グローバルな流動性リスク管理体制の整備〈主要通貨毎の限度枠の設定〉	80	67	—	—	—	53

注：1）その他は外銀・外証，証券等。
　　2）〈　〉内は各調査項目の代表的な質問事項。
　　3）主要通貨毎の限度枠の設定に関しては外貨を保有する先のみを対象に集計。
資料：日本銀行「わが国金融機関の流動性リスク管理に関するアンケート調査結果」（2010年10月）より作成。

第5章　金融機関の流動性リスク管理を巡る問題

2　リスク量の把握とポジション造成

　流動性リスクのリスク量（損失額）をVaRのような計量的方法で把握することは，リスクの顕在化によって生ずる損失を事前に特定するのが難しいこと等から，必ずしも容易ではない。現状用いられている定量的な分析の手法としては，①バランスシート流動性分析と，②満期ギャップ分析がある。[14] バランスシート流動性分析は，保有する資産と負債・資本の各項目について，資産の流動性（換金可能性）と，負債・資本の安定性（流出の恐れ）という視点からバランスシート全体の流動性確保の安定性を評価する。図5-2に示されるように，流動性の高い資産が安定性の低い負債を上回り，また流動性の低い資産が安定性の高い負債・資本に比して少ないなら，安定度は高い（さらに流動性の高い資産の額が安定性の低い負債の額を上回る流動性余剰が大きいほど安定度は高まる）。比較的簡便な方法ではあるものの，資金不足の発生時点が特定できないうえ，オフ・バランス項目の認識の仕方や，外貨建資産・負債の取り扱い等に留意する必要がある。

　満期ギャップ分析は，最も一般的に用いられている方法であり，

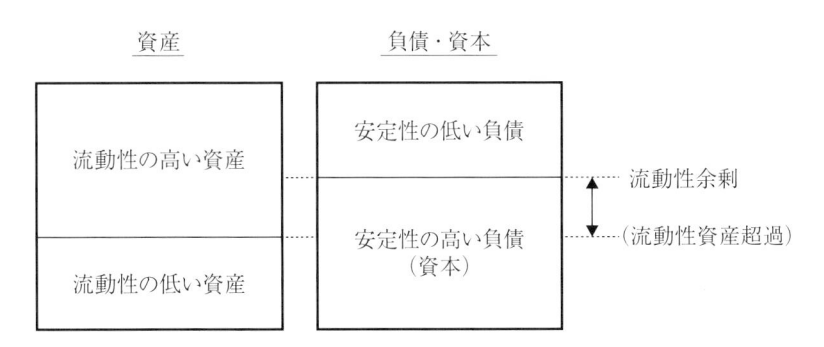

図5-2　流動性余剰

出所：東京リスクマネージャー懇談会［2011］311頁。

表5-3に示されているように，マチュリティラダーによって資産（貸出金の回収，有価証券の償還等）・負債（預金の流出等）の将来のネット資金流出額を算出し，それが資金調達によってどこまで補填されるかで流動性リスクの度合いを測るものである。この例では，内生的要因により金融機関の信用が失墜し，預金の解約・流出が継続的に発生している一方，市場からの無担保借入れが困難である事態が想定されている。分析を行なう際の最大のポイントは，どのような状況の下で，どのようなタイミングで，どの程度の資金流出が起こり，それに対しどの程度の資金調達が可能かのいくつかのシナリオを想定し，ストレステストを実施することである。ストレス・シナリオの作成に当たっては，極端に厳しかったり，過度に楽観的な仮定では非現実的であることから，過去の事例や金融機関の業務・金融商品の特性等を参考に，より現実的・実践的なシナリオを設定することが重要となる。

　資産（運用）と負債（調達）の期間別のバランスを総合的に管理し，運用戦略等の策定・実行に係わり，適正な流動性確保を図るための経営管理手法がALMであり，各金融機関ではALM委員会(15)（経営陣を委員長とする経営レベルの会議形式が多い）等の独立した機関を設けて，流動性リスクの管理を行なっている。ALM委員会はリスク管理指標・ガイドラインの審議・調整を行なうほか，リスクリミットの遵守状況をモニタリングし，定量分析手法やストレステストの実施の妥当性等を検討することが求められる。なお，ALM委員会では，前提条件として，①シミュレーション期間（3～5年が多い），②預貸金，有価証券の全商品を対象とする統合的管理，③将来の資金残高推移のシナリオの設定等を明確に定義しておく必要があり，期初に設定したバランスシートのシナリオが，計画どおりに実行されているかどうかの確認と，その後の（修正）予想が大事

第5章　金融機関の流動性リスク管理を巡る問題

表5-3　マチュリティラダーの例

	1日後	3日後	1週間後	2週間後	1ヶ月後	3ヶ月後	6ヶ月後	12ヶ月後
〈資金流出入項目〉								
普通預金（流出）	15	15	15	15	10	10	5	5
定期預金（流出）	−10	−10	−10	−10	−15	−15	−10	−10
住宅ローン（返済および新規）	0	0	2	2	4	5	5	10
企業向けローン（返済および新規）	1	1	4	4	12	10	15	10
債権（既存保有からの元利流入）	0	0	1	1	5	10	10	10
デリバティブ	0	0	−3	−2	−2	−1	0	0
ネット資金流出	−24	−24	−21	−20	−6	−1	15	15
ネット累計資金流出	−24	−48	−69	−89	−95	−96	−81	−66
〈資金調達項目〉								
現金	40							
無担保借入	0	0						
証券（売却・担保借入れ）		20	20	20				
ローン資産売却等			5	5	10			
証券化による調達						20	20	
資金調達可能額（当期間）	40	20	25	25	10	20	20	0
資金調達可能額（累積）	40	60	85	110	120	140	160	160
ネット資金ギャップ	16	12	16	21	25	44	79	94

出所：栗谷・栗林・松平［2008］270頁。

となる。[16]

 そもそも金融機関の基本的な機能のひとつとして，流動性の高い短期の資金を集めて，それを流動性の低い中長期の貸出等で運用するという「資産転換機能」（あるいは「資産変成機能」[17]）があり，金融機関は業務上本質的に期間のミスマッチの流動性リスクを抱えていることになる。ただ，わが国の金融機関は戦後長短金融の分離の規制[18]によって，普通銀行や信用金庫などは短期の資金調達手段しか認められておらず，したがって短期貸出が中心となっていた[19]。こうした資金の運用・調達面での期間対応の確保を通じて経営の健全性の維持が図られてきたと言える[20]。しかし，1980年代に入り金融自由化の進展とともに，調達コストが上昇してきたことから，資金の運用期間に制限のなかった普通銀行は，利回りの拡大を狙って貸出の長期化の志向が強まってきた。その後1993年10月以降，普通銀行等による期間3年超の中長期預金の受け入れが可能となり，長短金融の垣根は名実ともに撤廃され[21]，運用の長期化が進められてきた（前掲図4-2の国内銀行の貸出金末残に占める設備資金＋住宅資金の割合；1999年末51.4％→2005年末68.0％→2011年末71.8％）。

 金融機関が短期調達，長期運用の期間ミスマッチ・ポジションを作ることは，長期金利が短期金利を上回る順イールドの状況にあるならば，その利差が収益獲得の源泉となる。したがって，運用・調達のミスマッチ・ポジション造成の巧拙が，収益水準を左右することとなる。一般に資金の収益性と流動性は二律背反の関係にあると言える。収益重視の視点から，近年のように長期貸出のウェイトを高めたり，長期国債の投資額を増やすことは，調達期間が変わらないとすると，期間のミスマッチ・ポジションの拡大につながる。利鞘拡大を求めて，ミスマッチ・ポジションの構築を進めていく場合，一方で流動性リスクが拡大することを十分に認識し，流動性と収益

第5章　金融機関の流動性リスク管理を巡る問題

性に配慮したバランスの取れた業務運営を検討する必要があろう[22]。なお，ALMとはリスクとリターンを両にらみでみて最適な道筋にて運行することである[23]。

(1) 東京リスクマネージャー懇談会［2011］では，さらに資金流動性リスクと市場流動性リスクの間には，例えば市場流動性の低い資産を保有する金融機関が資金不足を補填するため，これを売却すると，当該資産の市場での流動性を一段と限定し，市場流動性リスクを高めてしまうといった，相互的な誘発関係が存在するとしている（297-298頁）。
(2) 149-153頁。
(3) 横山［1989］63-70頁。
(4) 日本銀行［1983］169-178頁。
(5) 日本銀行［1986］554-555頁。
(6) 服部［2003］。なお，同では「コスモ信組でも業務停止命令が発令された翌日には，一部の支店で預金者が夜中まで帰らないといった事態が起きた。それでも行列はできなかった」と述べている。
(7) 日本銀行「金融システムレポート」（2011年10月）。
(8) 日本銀行「国際金融危機を踏まえた金融機関の流動性リスク管理のあり方」（2010年7月）。
(9) なお，当座貸越取引もコミットメントビジネスであり，1980年代後半のバブル期に高い伸びを示したが，資金使途が自由で審査管理が甘目になるというリスク管理上の問題点が露呈し，その後利用率は抑制気味とされている（国内銀行の貸出金末残に占める当座貸越の割合〈日本銀行統計〉；2001年末18.0％→2003年末15.0％→2005年末14.9％→2007年末16.3％→2009年末14.4％→2011年末14.0％）。
(10) 金融庁が発表した「金融機関におけるシステムリスクの総点検の結果について」（2012年1月）によると，①システムリスク総点検への取り組みについては，金融機関によりバラツキがあるものの，総じてみるとやや不十分な状況にあった，②「システムリスクに対する認識等」，「外部環境の変化を踏まえたシステムの十分性の確保等」，「障害発生時等のリスク管理態勢のあり方」については，さらなる改善が必要な状況にあった，③外国銀行支店，信用金庫，信用組合等の中には，リスク特性や期待される管理態勢のレベルを考慮しても，改善の余地

が認められる先があったとのこと。
(11) 翁［2010］では、インターバンク市場における逼迫は、貸し手である銀行が他のプレイヤーに貸そうとしなくなった結果であり、一律の資金流動性を金融機関の手元に保有させる流動性比率規制を導入しても、必ずしも大幅に事態は改善しない恐れがあるとしている（152-154頁）。
(12) 藤田・野﨑［2011］282-286頁。大山［2011］166-179頁。
(13) 日本銀行「金融機関の流動性リスク管理に関する日本銀行の取り組み」（2009年6月）・「国際金融危機を踏まえた金融機関の流動性リスク管理のあり方」（2010年7月）・「流動性リスクの把握と管理」（2012年6月）。
(14) 東京リスクマネージャー懇談会［2011］302-320頁。栗谷・栗林・松平［2008］256-280頁。
(15) Carrel［2010］では、流動性リスク管理のフレームワークとして、リスク集中のモニタリング、リスク評価とALMの3つの基本的要素があり、資金調達戦略と流動性戦略をリスク・プロファイルに適合させるには、この3つのバランスを恒久的に保っていくことだとしている（169-192頁）。
(16) 大久保［2006］70-85頁。
(17) 岩田［2008］96-97頁。
(18) 長短金融の分離は、1952年の長期信用銀行法により法制化された（日本銀行［1995］17頁）。
(19) 「高度成長期の大蔵省は、普通銀行は商業銀行主義に徹するべきであり、預金という負債に合わせて資金運用も短期で行なうべきであると考えていた」（永田［1999］）。
(20) 鹿野［1994］9-11頁。
(21) (20)と同様。
(22) 竹田［2005］では、金融機関で預金が流出し、法定準備預金額（所要準備額）の未達の恐れが生じた場合、金融機関の取り得る選択肢として、①貸出を減らす、②証券を売却する、③中央銀行から貸出を受ける、④他の金融機関から借り入れる等の方法があるとする。その際、①は多大なるコストが金融機関に発生する、②のコストは①より小さい、④のコストは③のケースより相対的に高いとしている（124-127頁）。また、日本銀行白川方明前総裁は「セントラル・バンキング―危機前、危機の渦中、危機後―」の講演（2012年3月24日）の中で、

第 5 章　金融機関の流動性リスク管理を巡る問題

「満期変換は，銀行の果たす重要な仲介機能の一つであり，同変換による利鞘収入は銀行の収益源である」，「物価安定の下で低金利の持続予想が強まると，金融機関は「利回り追求」の行動を強め，レバレッジや，資産・負債の期間ミスマッチ，通貨のミスマッチを拡大させる。こうした不均衡はある閾値を超えて拡大すると，金融システムを不安定化させ，ひいては実体経済や物価を不安定にすることになる」と述べている。
(23)　大久保［2010］。

第6章 金融機関のオペレーショナル・リスク管理の実効性向上への課題

　金融機関の業務の高度化・複雑化・IT化等に伴い，またシステム・ダウンや大規模災害の発生等から，オペレーショナル・リスク（以下「オペリスク」と略す）管理の重要性が強まっている。こうした中，オペリスク管理の実効性を高めるためには，経営陣の積極的な関与と的確な指示の下，リスク量の計量化による把握に努めることはもとより，コンティンジェンシー・プランの整備・強化を図ることや，共同システムの主体的な検証等が求められる。

I　オペリスクの定義とオペリスク管理の特徴

1　オペリスク管理の重要性とオペリスクの定義

　近年，オペリスク管理の重要性が増している。オペリスク管理への注目が集まってきたのは，金融機関の業務の高度化・複雑化・IT化等に伴い，これらに起因する事務ミスが増加していること，システムの外部委託・共同化が進み障害発生時等の実態把握が十分に行なわれにくいこと，個人情報保護法成立を契機に情報保護に係るミスが頻発していること，さらに新型インフルエンザの流行，大規模なシステム・ダウンや大震災が相次いで発生していること等が背景にある。こうした状況の下，バーゼルIIにおいて，信用リスク，

市場リスクに加え，新たにオペリスクがリスク計測の対象となった。オペリスクが顕在化した場合，個別の金融機関において短期間に多大な損失を被り，存続の危ぶまれる事態が発生する惧れがあるうえ，金融システム全体の運営に支障が生じることも考えられるなど，マグニチュードは極めて大きいとみられる。

　オペリスクとは，バーゼルIIに関する金融庁告示第19号（銀行法第14条の2の規定に基づき，銀行がその保有する資産等に照らし自己資本の充実の状況が適当であるかどうかを判断するための基準）の別表第2に，オペリスクの損失事象を「内部の不正」，「外部からの不正」，「労務慣行および職場の安全」，「顧客，商品および取引慣行」，「有形資産に対する損傷」，「事業活動の中断およびシステム障害」，および「注文等の執行，送達およびプロセスの管理」と規定している[1]。金融検査マニュアルによると，オペリスクとは金融機関の業務の過程，役職員の活動もしくはシステムが不適切であること，または外生的な事象により損失を被るリスク（自己資本比率の算定に含まれる分）および金融機関自らがオペリスクと定義したリスク（自己資本比率の算定に含まれない分）とし，具体的には表6-1のとおり，損失の発生する原因別に「事務リスク」，「システムリスク」，および「その他オペリスク」に分類されている[2]。

2　オペリスク管理の特徴

　オペリスク管理に当たって，主として実務上の視点からみた特徴点を挙げると，第一は対象とするリスクが極めて多岐・広範囲にわたり，関連する部署・人員が多く，その発生事象や損失の規模の想定がなかなかできないことから，定量的に評価することが難しい点である。

　第二は金融業は突き詰めればリスク管理業であり，リスクを一定

第6章　金融機関のオペレーショナル・リスク管理の実効性向上への課題

表6-1　金融検査マニュアルにおけるオペリスクの分類と定義

リスク分類	定　　義
事務リスク	役職員が正確な事務を怠る，あるいは事故・不正等を起こすことにより金融機関が損失を被るリスク
システムリスク	コンピュータシステムのダウンまたは誤作動等，システムの不備等に伴い金融機関が損失を被るリスク，さらにコンピュータが不正に使用されることにより金融機関が損失を被るリスク
その他オペリスク	金融機関がオペリスクと定義したリスクのうち，事務リスクおよびシステムリスクを除いたリスク
法務リスク	顧客に対する過失による義務違反および不適切なビジネス・マーケット慣行から生じる損失・損害（監督上の措置ならびに和解等により生じる罰金，違約金および損害賠償金等を含む）等
人的リスク	人事運営上の不公平・不公正（報酬・手当・解雇等の問題）・差別的行為（セクシャルハラスメント等）から生じる損失・損害等
有形資産リスク	災害その他の事象から生じる有形資産の毀損・損害等
風評リスク	評判の悪化や風説の流布等により，信用が低下することから生じる損失・損害等
危機管理	危機発生時のリスク

注：規制自己資本比率算定上は，法務リスクは含まれるが，風評リスクは含まれない。
資料：金融庁「金融検査マニュアル」より作成。

の範囲内に抑えられるかどうかが，経営の成否を左右すると考えられるが，オペリスクは対象が広く偶発性が大きいため，発生頻度をゼロとするとか，リスク量を抑え込むといったコントロールが行ないにくい点である。

　第三はオペリスクは発生する確率は低いが，発生した場合に被る損失は多大であり，完全に回避する管理は不可能ながら，極力損失を最小限に抑える方策や発生後の危機管理策等を検討しておかなけ

ればならない点である。⁽⁴⁾

　第四はリスク事象の発生防止はもとより顕在化した場合，その対応・収拾において，経営陣のより強力なリーダーシップの発揮が期待されるものの，経営陣は事務・システム面での動向を必ずしも十分理解・フォローし切れていないとみられること，また経営陣に不芳情報等が迅速かつ正確に伝達されない惧れが強い点である。

　第五は要領・マニュアル類の整備が進められているとしても，職員一人一人に対し周知徹底を図るほか，不断の実地・机上訓練等により常にそれを確認・補正するなど実効性を高める努力が求められる点である。

　第六はマニュアル類・業務継続計画の策定・見直しの実施，実地訓練等の遂行，また食料品・飲料水の確保等極めて実践的な対応を要する点である。

　第七は経営の効率化を推進するために，システム面での開発・運営等について，第三者機関に外部委託を行なったり，複数の金融機関による共同化の動きが活発であるが，こうした業務委託に対する的確なモニタリング態勢をいかに確立していくかという点である。

II　オペリスク管理の現状と問題点

1　オペリスク管理の現状

　多くの金融機関で自律的なリスク管理サイクルであるPDCAを意識した取り組みが進められている。リスクの認識・基本方針の策定（Plan），規程・組織体制の整備（Do），分析・評価（Check），そして改善活動（Act）というプロセスによってリスク管理が実施されている。

第6章　金融機関のオペレーショナル・リスク管理の実効性向上への課題

　オペリスク管理のためには，損失データの収集・整備が行なわれる。損失データの収集は勿論計量化のために不可欠であるが，現状把握を行なう際の唯一可能な事実の収集であるほか，過去の状況を知るうえでも有用となる[5]。まず，顕在化したリスク事象については，内部監査の結果，不祥事件，業務上の事故，および苦情・問い合せ（「顧客サポート等」）等に基づき，データベース化が図られている。データ登録項目としては，発生の日時・部署，発生業務・プロセス，関係者情報，損失金額等が挙げられる。潜在的なリスクの洗い出しの実施に関しては，CSA（Control Self Assessment）が活用される。これは新聞報道等で伝えられた外部事例や，データコンソーシアム（共有機関）への参加により入手した他金融機関の顕在化事例を基にリスク・シナリオを作成し，内部でリスクが顕在化した場合の頻度・影響度等を分析するもので，大手金融機関のみならず地域金融機関でも取り組みが進められている[6]。

　また，KRI（Key Risk Indicator）によるオペリスク管理は，取引件数・金額・来店客数，事務ミス件数，異例取引処理件数等の増減状況を時系列でモニタリングすることによって，リスクが発生する前に警告・管理することを目的とするが，特段の位置付けをすることなしに，従来からこうした管理を行なっている金融機関も少なくないとのことである[7]。

　オペリスク相当額の算出（オペリスク量の計測）に当たっては，①基礎的手法（1年間の粗利益に15％を乗じて得た額の直近3年間の平均値），②粗利益配分手法（1年間の粗利益を業務区分に配分したうえで，当該業務区分に応じ，所定の掛目（12％，15％，18％）を乗じて得た額の通常3年間の平均値。金融庁長官の承認が前提），および③先進的計測手法（金融機関が内部管理に使用している計測手法に基づき，片側99.9％信頼区間で，期間1年間として予想される最大のオペリスク

111

損失の額に相当する額。金融庁長官の承認が前提）が用いられる。一般的に計量化手法の高度化を図ることによって，オペリスク量は小さくなり，所要自己資本額が抑えられる傾向があるほか，より正確なリスク量の把握は有効な資本配賦を可能とする。したがって，金融機関にとって計測手法の高度化はメリットが大きく，先行して取り組んできた金融機関では当初の目的を概ね達成し，さらにより実効性のある管理方法を模索しはじめていると言われる(8)。

　日本銀行「業務継続体制の整備状況に関するアンケート（2010年11月）調査結果」（2011年2月）(9)および同「金融機関におけるシステム共同化の現状と課題―地域銀行108行へのアンケート調査結果から―」（2009年6月）によると，業務継続体制については，地震や感染症（病原性の高い新型インフルエンザの流行等）の想定原因事象を中心に，回答した先の約9割が整備済みで，定期的に見直すとしている。マニュアルが整備され，業務継続要員数の特定が進んでいるほか，機器・事務用品等の必要な資源の備蓄水準が向上しており，8割以上の先が資金決済面の訓練を，約半分の先が現金供給面の訓練を年1回以上実施しているとのことである。また，システム共同化先は，地域銀行において2012年末時点で7割近くに達する見通しであり，共同化先は報告体制の整備や立入検査の実施等，委託先管理の充実に積極的に取り組んでいるとしている。

2　オペリスク管理の問題点

　オペリスク管理の現状に関し，どのような課題・問題点があるかを金融庁「金融検査結果事例集（平成22検査事務年度後期版）」（2011年7月）と，日本銀行考査での課題事例集（日本銀行「オペレーショナルリスク管理を巡る環境変化と今後の課題―日本銀行考査等における着眼点と確認された課題事例―」（2011年8月））で検証すると，事務

第 6 章　金融機関のオペレーショナル・リスク管理の実効性向上への課題

ミスについて，不祥事件につながりかねない，あるいは顧客に影響を与える事務事故が繰り返し多発しているとか，再発防止の取り組みが不十分といった例が指摘されている。また，システム障害対応において，適正な人員配置を行なっていないことから，全体を把握し，的確な状況判断と最適な指示ができておらず，復旧処理に時間を要しているといったケースが列挙されている。さらに，CSA等のリスク分析の実効性が確保されていないとか，事務ミス報告・集計の対象範囲が狭いうえ，集計結果の傾向・要因分析が十分でないといったデータ処理上の問題点や，分析方法の不備等技術的な側面での課題がかなり挙げられている。こうした中，抜本的な問題点は前述Ⅰ-2のオペリスク管理の特徴に係る①経営陣の関与が不十分であること，②各種マニュアルや業務継続計画等の実効性が確保されていないこと，および③システム等の外部委託先や共同センター等の実態把握が不適切であること等とみられる。

　①～③に関する具体的な指摘事項・課題事例は表6-2のとおりで，経営陣が明確な指示を出していないことから，また担当部任せとしていることから適切なリスク管理が行なわれていない例，リスク・シナリオの検討や見直しを十分に行なっていないためコンティンジェンシー・プランの実効性が確保されていない例，共同センター移行プロジェクトの全体計画や移行判定基準の妥当性に関する監査を実施していない，共同化先がセンター側のセキュリティ対策の実施状況を十分に認識していない例等が示されている。

表6-2　金融庁検査・日本銀行考査での指摘事項・課題事例

①経営陣の関与が不十分

- 経営陣が，経営に影響をおよぼす恐れのあるシステム障害に対し，障害発生当日（休日）に出勤しておらず，その対応を担当部署任せとしているなど，主体となって適切に対応する態勢が整備されていない。
- 常務会が事務ミス等の報告基準等を明確にしていないため，本部が事務ミスの発生状況等を把握していない。
- 経営陣は，緊急時の顧客取引への影響等の把握に必要な情報や，顧客への情報提供のプロセスといった具体的な検討および体制整備を行なっていないため，システム障害の顧客周知についてホームページへの掲載が遅延したり，事実と異なる情報を掲載し，顧客から苦情を受けたりしている。

②リスク管理の実効性の確保が不十分

- 不正事件の再発防止策を実施しているが，その実効性が不十分。
- 事務リスク管理部門等は，融資業務における問題点等を洗い出していないうえ，現行規程や事務取扱いの適切性を検証していない。
- 現行システムの運用において，障害が起こりうる課題を認識していたものの，課題に基づくコンティンジェンシー・プランの見直しを行なっていない。
- 緊急時の業務手順等について，各部署間が作成した業務継続計画の相互間の整合性が十分でない。
- 被災時の手作業移行店舗を主要店舗に絞り込むなど，現実的な対応が検討されていない。

③外部委託の実態把握等が不適切

- 共同センター運営の委託先は，障害発生時参加金融機関へ報告をすることとなっているが，判断基準が明確になっていないことから，報告遅延が認められる。また，委託先では開発運営ルールが未整備のため，障害分析を全く行なっていないうえ，参加金融機関に情報を開示していない。
- 共同センターの運営状況に対する共同監査を行なう際の対象テーマの検討や，具体的な監査手法の妥当性の検討が十分でない。
- 共同センターのシステム開発管理について，参加金融機関が共同センター側の開発運営ルールに進捗管理や品質管理に関する基準を定めておらず，定量的な進捗管理やテストの品質評価を行なっていない。

資料：金融庁「金融検査結果事例集（平成22検査事務年度後期版）」（2011年7月）と日本銀行「オペレーショナルリスク管理を巡る環境変化と今後の課題―日本銀行考査等に置ける着眼点と確認された課題事例―」（2011年8月）より作成。

第6章　金融機関のオペレーショナル・リスク管理の実効性向上への課題

Ⅲ　オペリスク管理への今後の対応

　前述の問題点を踏まえ，金融庁「平成23検査事務年度検査基本方針」(2011年8月) と日本銀行「2011年度の考査の実施方針等について」(2011年4月) では，検査・考査の方針について，まずシステムの安定性・安全性確保のために，経営陣がリスクを適切に認識したうえで，リスク管理体制の整備・強化を図っているかを点検するとしている。また，経営陣の責任において，危機発生時に主要なリスクを十分に想定した業務継続体制が整備されているか，東日本大震災の経験を踏まえ，必要に応じて業務継続体制が適切に見直されているか等について検証が行なわれる。特に決済面におけるプレゼンスが大きい先については，業務継続計画の内容の十分性や，整合性，経営資源の確保を含めた実効性について点検を行なう。共同システムのリスク管理に関しては，金融機関による委託業者や代理業者の的確な業務運営を確保するための措置の状況や，当該措置に基づく委託業者や代理業者の的確な業務運営遂行状況等について，検証する方針が打ち出されている。

　オペリスク管理の基本は，経営陣がオペリスク管理方針を定め，それに基づきオペリスクの総合的な管理部署の管理者に，管理規程・業務明細等を策定させ，リスクの特定・モニタリングを行なわせ，その結果を経営陣に報告させることである。何よりも重要なことは，経営陣がリスクを適切に認識したうえで，いかに強力なリーダーシップを打ち出していけるかである。経営陣自らが積極的主導性とコミットメント意欲を発揮し，適切なリスク管理を遂行しているかどうかは，ガバナンス強化の視点から，オペリスクのみならず，

あらゆる分野のリスク管理において共通の課題と言える[10]。なお，オペリスク管理は経営の問題と言っても，経営トップは多忙であり，しかも日常の実務・システム面等に必ずしも十分精通しているわけではなく，自分で全部決められない場合があるなら，しっかりとした担当者（役員）を選ぶ方法等が考えられるほか，周囲のサポートが不可欠である。また，オペリスクが顕在化した場合，不芳情報として捉えられ隠蔽される惧れもあることから，こうした情報が経営陣に迅速・正確に伝わる報告体制作りが求められる。

　オペリスク管理高度化の一環として，内部損失データの収集やシナリオ分析の利用等によりオペリスクの計量化を進めることは，複雑・多岐にわたるリスクの可視化が図られるほか，統合的リスク管理の視点から，他のリスクと合算して全体のリスク量を把握・管理することができるようになり，リスク削減策の検討にも結び付くこととなる。また，計量化により，①各業務運営部署への資本配賦が可能となり，収益管理・業績評価につなげられること，②費用対効果の厳密な分析が行なわれ，資源の適切な配分と投資効率の向上につながること，③内部監査実施の頻度・深度の決定に有用であること等が挙げられる[11]。こうしたオペリスク管理の高度化策は，直接的に収益を生み出すものでないだけに，その評価は難しく，経営者自らのマネジメント力と力強いリーダーシップの発揮が要請される[12]。

　さらにオペリスクの管理者は管理方針・規程に基づいて各種マニュアル類の作成が必要となり，こうした面での整備はかなり進んでいるとみられる。そして経営陣関与のもとで，既存のマニュアル類や業務継続計画等が実際の訓練や内部監査等により有効に機能するかどうか検証し，必要に応じて見直されることが重要となる。各種コンティンジェンシー・プランの策定が進められているが，問題はその実効性を確保することである。マニュアル類の作成に当たっ

第 6 章　金融機関のオペレーショナル・リスク管理の実効性向上への課題

ては，①対処方法を具体的に定めること，②文章，用語を平易にすること，③誤記があってはならないこと，④全社的に整合性がとれていること等が求められ，作成後は周知徹底と実践訓練を通じた定期的な見直し等が重要である[13]。また，どんなに立派なマニュアル類が作られていたとしても，緊急事態が起こって初めてそれをみるようでは全く役に立たず，日頃から読み込み，頭の中にしっかりと入れておく必要がある。そのためには，例えばマニュアルの要点をまとめたハンディ版を作成し，何時でも携帯できるようにしておくことも有用である。さらにそれが機能するかどうかの訓練を行ない，緊急事態が発生した場合，マニュアルどおりに行動すべきか，あるいはマニュアル以外のことなのかの冷静・的確な判断が求められる[14][15][16]。なお，業務継続計画の訓練については，Ⅱ－1 オペリスク管理の現状のとおり実施している先が多いが，より実効性を高めるためには，個別金融機関毎の訓練にとどまらず，業務上の依存関係にある複数の会社間で行なう業界横断的な共同訓練へのニーズが高まっている[17]。

　システム共同化に伴うリスクの検証については，2009（検査事務）年度以降の金融庁・日本銀行の検査・考査の方針で強く打ち出されている。システム共同化に関するリスク管理の場合も，まず経営陣が共同化の特性を十分に認識し，プロジェクト・業務遂行状況等を的確に判断する必要があるうえ，各共同化先金融機関が主体性を持ってシステムの運営・管理に関与していくことが重要である[18]。そのためには，共同化先金融機関と金融機関から業務の委託を受けているシステムセンターやシステム開発業者との間において，システムの開発・運用に関し，役割分担や責任が明確化され，適切なセキュリティ対策が講じられ，連携・報告体制が整備されることが求められる。また，障害発生時には，委託先から共同化先金融機関へ遅滞なく報告が行なわれ，障害分析の情報等が開示される必要がある。

Ⅳ　業務継続計画策定上の留意点

　業務継続計画（BCP；Business Continuity Plan，以下「BCP」と略す）の策定に当たっては，リスク管理の基本である各金融機関が主体的に管理態勢を構築し，チェックのうえ改善を図っていくという動態的な視点に立ち，経営陣による役割・責任がPDCAサイクルで示すことが求められる。BCP策定への対応等に関しては，政府，地方公共団体等から各種の指針が公表されている[19]。

　BCPの取り組みの流れについては，内閣府の「事業継続ガイドライン第二版」[20]に図6-1のとおり示されているが，その主なポイントについて，金融庁の監督指針や日本銀行「業務継続体制の整備状況に関するアンケート（2010年11月）調査結果」（2011年2月）（以下「日銀アンケート」と略す）と併せてみると，次のとおりである。なお，経済産業省の「事業継続計画策定ガイドライン」では，BCP策定に当たっての検討項目として，事故・災害の発生に伴うBCPの発動から全面回復に至るまでを，①BCP発動フェーズ，②業務再開フェーズ，③業務回復フェーズ，④全面復旧フェーズの大きく4つに分け，各フェーズにおいて，迅速・正確な情報収集，事実認識と状況判断，それに基づいた的確な意思決定，利害関係者への情報開示等が検討の着目点になるとしている。

　第一は検討対象とする災害・危機の特定である。金融機関として，どのようなリスクを想定してBCPを策定するかであるが，まず地震，台風（それに伴う風水害）等の自然災害と大規模停電やシステムの大規模障害が挙げられる。次にテロ・紛争・新型インフルエンザ流行時の人的被害が想定される。また，風評による信用不安の発生等

第6章　金融機関のオペレーショナル・リスク管理の実効性向上への課題

図6-1　事業継続の取り組みの流れ

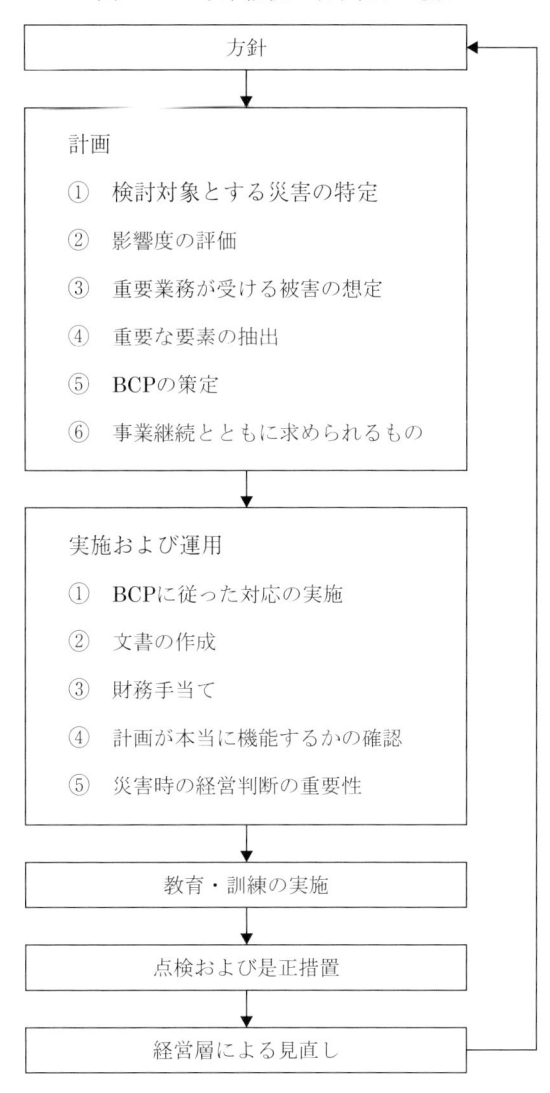

```
┌─────────────────┐
│       方針       │◄──────┐
└─────────────────┘       │
         │                 │
         ▼                 │
┌─────────────────────┐   │
│ 計画                 │   │
│ ① 検討対象とする災害の特定 │   │
│ ② 影響度の評価         │   │
│ ③ 重要業務が受ける被害の想定│   │
│ ④ 重要な要素の抽出     │   │
│ ⑤ BCPの策定          │   │
│ ⑥ 事業継続とともに求められるもの│
└─────────────────────┘   │
         │                 │
         ▼                 │
┌─────────────────────┐   │
│ 実施および運用         │   │
│ ① BCPに従った対応の実施 │   │
│ ② 文書の作成          │   │
│ ③ 財務手当て          │   │
│ ④ 計画が本当に機能するかの確認│
│ ⑤ 災害時の経営判断の重要性│
└─────────────────────┘   │
         │                 │
         ▼                 │
┌─────────────────┐       │
│   教育・訓練の実施   │       │
└─────────────────┘       │
         │                 │
         ▼                 │
┌─────────────────┐       │
│  点検および是正措置  │       │
└─────────────────┘       │
         │                 │
         ▼                 │
┌─────────────────┐       │
│  経営層による見直し  │───────┘
└─────────────────┘
```

資料：内閣府「事業継続ガイドライン第二版」より作成。

流動性危機や営業上・人事上・労務上の各種トラブルの発生等も考えられる。

　第二は危機発生時には経営資源が限定されるもとで，最優先して継続すべき重要業務を決めておく必要がある。日銀アンケートによると，重要業務は全先で特定済みとしており，重要業務の具体的内容は日銀当座預金決済が各業態で共通して優先度が高いほか，大手銀行では幅広い業務を対象とする一方，地域金融機関では現金供給と資金決済に関連した業務を中心とするなど，取り扱い業務の違いを反映して業態により異なっているのが特徴であるとしている。そうした中，重要業務毎の事務処理フローの把握や，被災時の業務処理に必要となるシステムの洗い出しを行なっている先が約8割とのことである。

　第三は被害想定から復旧までのシナリオ作りが求められる。そのためには指揮命令系統が明確化されていることが重要であるほか，緊急要員・代替勤務場所・バックアップシステム等の確保が不可欠となる。その際重要業務の影響度調査の結果等を踏まえ，目標復旧時間の設定を行なう。日銀アンケートでは，ほぼ全先が最優先で復旧する重要業務の復旧時間は4時間以内ないし当日中としている。なお，自然災害が発生した場合は，一旦業務が停止し，その後重要業務を優先的に復旧していくということになるが，新型インフルエンザの流行時には，重要業務を継続し，その他の業務を順次縮減していくことが想定される。

　第四は災害により被害の程度が大きく異なるため，被害の想定は極めて難しい問題ながら，最悪のシナリオを基に対策を立てておくことが基本と考えられる。最悪のシナリオによりBCPの基本形を想定し，その認識の下で，被害が軽微な場合には，基本形を弾力的に運用することで足りるとみられる。

第6章　金融機関のオペレーショナル・リスク管理の実効性向上への課題

　第五はBCPが危機発生時に現実に機能するかという視点から，平時の教育や訓練の継続的な実施が求められる。研修時等におけるBCPの内容についての職員への周知徹底をはじめ，BCPに即した机上訓練やバックアップシステム稼動訓練等が有用である。こうした教育・訓練の繰り返しによりBCPの点検を行ない，非現実的および不都合な点の見直しや改善を求めることが重要である。

　第六は平時に置ける事前の準備である。食料品，衛生医療品，燃料等の備蓄に加え，①社内連絡体制網の整備，②代替通勤径路・手段の確保，③本部・僚店間での応援体制の確立，④職員のスキルデータベースの整備，⑤危機発生時に職員が複数の業務をこなせるようにしておくクロストレーニング（職員多機能化訓練）の実施等が検討されよう。

　第七は関連法規および関係官公庁等との係りに留意することである。例えば個人情報保護法との関連や社内のコンプライアンス規程へ抵触することのないよう目配りする必要がある。また，災害が発生した場合，政府は災害対策基本法等に基づき，金融上の措置を講ずることとなり，金融機関に対し災害関係の融資や，預金通帳，届出印鑑等を焼失・流出した預金者に簡易な確認方法を持って預金の払い戻しの利便を図る等の措置を要請することが「主要行等および中小・地域金融機関向けの総合的な監督指針」に述べられている。さらに金融機関が天災その他の止むを得ない理由により臨時に業務の全部または一部の中止，その再開を行なう場合は，銀行法およびその準用により内閣総理大臣等への届け出が必要となる。したがって管理方針，内部規程，マニュアル等の策定に当たっては，こうした点に十分配意することが求められる。

　　（1）　SMFGの「2011ディスクロージャー誌」によると，連結での損失事

象の種類（イベントタイプ）毎のリスクアセット割合（2011年3月末基準〈先進的計測手法によるリスクアセット算出分のみ〉）は，内部の不正9％，外部からの不正7％，労務慣行および職場の安全1％，顧客，商品および取引慣行19％，有形資産に対する損傷19％，事業活動の中断およびシステム障害5％，注文等の執行，送達およびプロセスの管理40％としている。
（2）　さらにすべての損失事象が単純に区別できるわけではなく，複合的なオペリスクも指摘されている。トーマツコンサルティング株式会社金融インダストリーグループ［2008］では，大手証券会社での誤発注による大損失は代表的な例であるとして，株価と株数とを逆にシステム入力した事務リスク，異常な注文の実行を阻止できなかったシステムリスク，誤発注の発表が遅れた法的リスク・風評リスク等が複雑に絡み合い，原因がどれかひとつに特定できず，結果として大損失を引き起こしたと述べている（103－104頁）。
（3）　日経コンピュータ［2011］56頁。
（4）　大久保等［2011］22－23頁。
（5）　トーマツコンサルティング株式会社金融インダストリーグループ［2008］42－43頁
（6）　日本銀行「オペレーショナルリスク管理を巡る環境変化と今後の課題―日本銀行考査等における着眼点と確認された課題事例―」（2011年8月）によると，2010年3月末の調査で，地域銀行のうち3分の1が導入済みであり，今後の導入予定先も含めると半数近くに達する見通しであるとのこと。また，信用金庫でも，導入済みの先が1割弱で，今後の導入予定先も含めると2割弱になるとしている。
（7）　日本銀行「オペレーショナルリスク管理を巡る環境変化と今後の課題―日本銀行考査等における着眼点と確認された課題事例―」（2011年8月）。
（8）　トーマツコンサルティング株式会社金融インダストリーグループ［2008］65－67頁，日本銀行「オペレーショナルリスク管理の現状と高度化への課題」（2012年11月）等。なお，「ニッキン」（2011年4月15日）によると，先進的計測手法は金融持ち株会社2社と主要行8行，粗利益配分手法は金融持ち株会社8社と主要行15行，地域銀行30行，信用金庫2金庫が使用の承認を受けているとのことである。
（9）　日本銀行のアンケート調査は，業務継続体制整備の現状を把握するために，2002年以来隔年で実施されているもので，本アンケートは

第 6 章　金融機関のオペレーショナル・リスク管理の実効性向上への課題

2010年10月から11月にかけて82先（大手銀行，地域金融機関，国内証券等）を対象に実施した結果である。
(10)　西口［2011］では，金融リスク管理の検証について，「経営者が十分に関与しているか。……これは経営者自らの問題といえばそれまでだが，ここがいちばん大切でありいちばんの本質かもしれない」（66頁）と述べている。
(11)　樋渡・足田［2005］48-51頁。
(12)　大久保等［2011］20-23頁。
(13)　中島［2011］。
(14)　遠藤［2011］127-132頁。
(15)　金融庁「金融庁業務継続計画（首都直下地震対応編）」（2012年8月）では，①訓練の実施等を通じて業務継続体制の実効性を検証すること，②金融システムを巡る環境の変化等を踏まえ，本計画を絶えず見直すこと，が重要であるとしている。
(16)　日本経済新聞社［2011］では，東日本大震災において，明文化された手順を基に訓練を繰り返していたため，こうした日頃からの「備え」が生かされ，一人一人の従業員が自分がすべきことを理解し，短時間で対策が動き出した企業の例が多数紹介されている。
(17)　日本銀行「業務継続体制の整備状況に関するアンケート（2010年11月）調査結果」（2011年2月）によると，業務継続体制の実効性が確保されていると回答した割合は3割にとどまっており，実効性確保が不十分と回答した先のうち約半数が「重要な関係先の業務継続計画との整合性」や「全社ベースでの訓練による検証」を課題として挙げ，今後充実すべき訓練として最も回答の多いのは「ストリートワイド訓練」（業界横断的な共同訓練）である。ストリートワイド訓練の詳細については，日本銀行金融機構局「海外における「ストリートワイド訓練」の概要―業務継続計画の実効性確認手段としての業界横断的訓練―」（2010年3月）を参照。
(18)　日本銀行「金融機関におけるシステム共同化の現状と課題―地域銀行108行へのアンケート調査結果から―」（2009年6月）。
(19)　経済産業省「事業継続計画策定ガイドライン」（2005年3月），内閣府「事業継続ガイドライン第一版・第二版」（2005年8月，2009年11月），東京都「都政のBCP（東京都事業継続計画）〈地震編〉」（2008年11月），日本銀行「業務継続体制整備の具体的な方法」（2008年6月）等。

(20) ここでは他の文書と平仄を合わせること，および「事業」は複数の「業務」から構成されるため，「事業継続」と表記するとしている。

参考文献

朝日監査法人・アンダーセン編『金融機関内部監査の実務―金融検査マニュアル対応―』金融財政事情研究会, 2002年

天谷知子「〈インタビュー〉経営陣の主体的関与自体がリスク管理の一部」『金融財政事情』金融財政事情研究会, 2006年11月27日号

天谷知子「金融検査マニュアルの全面改訂について」『New Finance』地域金融研究所, 2007年3月号

池尾和人「行き過ぎた市場型間接金融の蹉跌」『金融財政事情』金融財政事情研究会, 2009年1月5日号

池尾和人+財務省財務総合政策研究所編著『市場型間接金融の経済分析』日本評論社, 2006年

池尾和人[監修]／藤井健司[著]『金融検査マニュアルハンドブックシリーズ金融機関の統合的リスク・自己資本管理態勢』金融財政事情研究会, 2008年

岩佐代市編著『地域金融システムの分析―期待される地域経済活発化への貢献―』中央経済社, 2009年

岩田規久男『テキストブック金融入門』東洋経済新報社, 2008年

FFR⁺編著『リスク計量化入門―VaRの理解と検証―』金融財政事情研究会, 2010年

遠藤勝裕『明解納得くらしの防災手帳』ときわ総合サービス, 2011年

大久保豊編著『実践銀行ALM』金融財政事情研究会, 2006年

大久保豊監修『全体最適の銀行ALM』金融財政事情研究会, 2010年

大久保豊監修, 瀧本和彦・秋葉大明著『実践オペレーショナル・リスク管理』金融財政事情研究会, 2011年

大山剛『グローバル金融危機後のリスク管理―金融機関および監督当局がなすべき備え―』金融財政事情研究会, 2009年

大山剛『バーゼルⅢの衝撃―日本金融生き残りの道―』東洋経済新報社, 2011年

翁百合『金融危機とプルーデンス政策―金融システム・企業の再生に向けて―』日本経済新聞出版社, 2010年

小野有人『新時代の中小企業金融―貸出手法の再構築に向けて―』東洋経済新報社, 2007年

可児滋「金融危機を巨大化させた金融技術」『エコノミスト』毎日新聞社，2008年12月22日号
亀澤宏規「"クレジット市場化"とCPMへの取組み」『金融財政事情』金融財政事情研究会，2008年11月24日号
菅野正泰『入門金融リスク資本と統合リスク管理』金融財政事情研究会，2010年
木村剛『新しい金融検査の影響と対策─変貌する銀行経営と企業財務の革新─』TKC出版，1999年
木村剛『新しい金融検査と内部監査─改訂金融検査マニュアルの読み方─』経済法令研究会，2001年
金融財政事情研究会編『Q&A金融検査マニュアル改訂のポイント』金融財政事情研究会，2007年
経済法令研究会編『これだけは知っておきたい改訂金融検査マニュアルの要点Q&A』経済法令研究会，2007年
倉都康行『投資銀行バブルの終焉─サブプライム問題のメカニズム─』日経BP社，2008年
倉橋透・小林正宏『サブプライム問題の正しい考え方』中央公論新社，2008年
栗谷修輔・栗林洋介・松平直之『金融検査マニュアルハンドブックシリーズ 金融機関の市場リスク・流動性リスク管理態勢』金融財政事情研究会，2008年
昆正和『新版実践BCP策定マニュアル─事業継続マネジメントの基礎─』オーム社，2009年
佐藤隆文編著『バーゼルⅡと銀行監督─新しい自己資本比率規制─』東洋経済新報社，2007年
佐藤隆文『金融行政の座標軸─平時と有事を越えて─』東洋経済新報社，2010年
鹿野嘉昭『日本の銀行と金融組織』東洋経済新報社，1994年
鹿野嘉昭『日本の金融制度（第2版）』東洋経済新報社，2006年
新日本監査法人編『統合リスク管理』金融財政事情研究会，2003年
鈴木恒男『巨大銀行の消滅─長銀最後の頭取10年目の証言─』東洋経済新報社，2009年
先端内部監査研究会『これが金融機関の内部監査だ─検査から監査へ移行実務ガイド─』金融財政事情研究会，2001年
先端内部監査研究会『これが金融機関の内部監査だ［2nd edition］─新たなサービスの創造へのナビゲーション』金融財政事情研究会，2005年

参考文献

多胡秀人『地域金融論―リレバン恒久化と中小・地域金融機関の在り方―』金融財政事情研究会，2007年
筒井義郎・植村修一編『リレーションシップバンキングと地域金融』日本経済新聞出版社，2007年
トーマツコンサルティング株式会社金融インダストリーグループ編『金融検査マニュアルハンドブックシリーズ金融機関のオペレーショナル・リスク管理態勢』金融財政事情研究会，2008年
東京リスクマネージャー懇談会編『金融リスクマネジメントバイブル』金融財政事情研究会，2011年
竹田陽介『コア・テキスト金融論』新世社，2005年
富永新『わが国金融機関への期待―ITリスク管理と事業継続の未来を拓く―』生産性出版，2009年
中島茂「「実践的マニュアル」でリスクを避ける（その1，その2，その3）」『金融法務事情』金融財政事情研究会，2011年9月25日号，同10月25日号，同11月25日号
永田邦和「高度成長期の銀行規制」，一橋大学『一橋研究』第23巻4号，1999年
西口健二『金融リスク管理の現場』金融財政事情研究会，2011年
西村吉正『日本の金融制度改革』東洋経済新報社，2003年
日経コンピュータ『ビジネスをとめるな―事業継続実践ガイドブック―』日経BP社，2009年
日経コンピュータ編『システム障害はなぜ二度起きたか―みずほ，12年の教訓―』日経BP社，2011年
日本銀行『日本銀行百年史第3巻』1983年
日本銀行『日本銀行百年史第6巻』1986年
日本銀行『新版わが国の金融制度』1995年
日本銀行金融研究所編『日本銀行の機能と業務』有斐閣，2011年
日本経済新聞社編『東日本大震災，その時企業は』日本経済新聞出版社，2011年
八田進『これだけは知っておきたい内部統制の考え方と実務』日本経済新聞社，2006年
服部泰彦「木津信組の経営破綻と預金流出」，立命館大学『立命館経営学』第41巻第6号，2003年
氷見野良三『検証BIS規制と日本（第2版）』金融財政事情研究会，2005年
樋渡淳二・足田浩『リスクマネジメントの術理―新BIS時代のERMイノベー

127

ション―』金融財政事情研究会，2005年
藤田勉・野﨑浩成『バーゼルⅢは日本の金融機関をどう変えるか―グローバル金融制度改革の本質―』日本経済新聞出版社，2011年
細野薫『金融危機のミクロ経済分析』東京大学出版会，2010年
堀江康熙『地域金融機関の経営行動―経済構造変化への対応―』勁草書房，2008年
堀江康熙・上林敬宗・勝悦子『テキスト金融のメカニズム』中央経済社，2006年
益田安良「預貸率低下は，金融機関の貸出態度が主因」『金融財政事情』金融財政事情研究会，2008年11月17日号
みずほ総合研究所編『サブプライム金融危機―21世紀型経済ショックの深層―』日本経済新聞出版社，2007年
安田原三・相川直之・笹原昭五編著『いまなぜ信金・信組か―協同組織金融機関の存在意義―』日本経済評論社，2007年
柳川範之『法と企業行動の経済分析』日本経済新聞社，2006年
山口義行編『バブル・リレー―21世紀型世界恐慌をもたらしたもの―』岩波書店，2009年
山本祥司「内部統制をどう捉えるか/他人任せにしてはいけない内部統制整備・評価～内部統制をどう捉えるか⑤～」『第一生命経済研レポート』第一生命経済研究所，2006年9月号
横山昭雄監修『金融機関のリスク管理と自己資本―1990年代の金融機関経営の原点―』有斐閣，1989年
吉井一洋編著，古頭尚志著『よくわかる新BIS規制―バーゼルⅡの理念と実務―』金融財政事情研究会，2007年
吉田洋一『金融機関役職員のためのバリュー・アット・リスクの基礎知識』シグマベイスキャピタル，2007年
渡辺努・植杉威一郎編著『検証中小企業金融―根拠なき通説の実証分析―』日本経済新聞出版社，2008年
Bitner, Richard（2008）*Confessions of a Subprime Lender*, John Wiley&Sons, Inc.（金森重樹［監訳］金井真弓［訳］『サブプライムを売った男の告白』ダイヤモンド社，2008年）
Brummer, Alex（2008）*The Crunch*, Random House Business Books
Carrel, Philippe（2010）*The Handbook of Risk Management*, John Wiley&Sons Ltd.
Gramlich, Edward M.（2007）*Subprime Mortgage*, The Urban Institute Press

参考文献

King, Peter (2009) *Understanding Housing Finance 2nd ed.*, Routledge

Rebonato, Riccardo (2007) *Plight of the Fortune Tellers*, Princeton University Press (茶野努・宮川修子訳『なぜ金融リスク管理はうまくいかないのか』東洋経済新報社, 2009年)

Rebonato, Riccardo (2010) *Coherent Stress Testing*, John Wiley&Sons Ltd.

Shiller, RobertJ. (2008) *The Subprime Solution*, Princeton University Press

The Committee of Sponsoring Organizations of the Treadway Commission (1992, 1994) *Internal Control—Integrated Framework* (トレッドウェイ委員会組織委員会『内部統制の統合的枠組み　理論篇・ツール篇』鳥羽至英・八田進二・高田敏文訳, 白桃書房, 1996年)

The Committee of Sponsoring Organizations of the Treadway Commission (2004) *Enterprise Risk Management—Integrated Framework* (トレッドウェイ委員会組織委員会『全社的リスクマネジメント　フレームワーク篇・適用技法篇』八田進二監訳, 中央青山監査法人・みすず監査法人訳, 東洋経済新報社, 2006年)

索　引

ABCP ·· 57-58
ALM ···················· 76, 79, 84, 100, 103-104
ALM委員会 ························ 76, 79-80, 100
CDO ··· 57-58
CDS ·· 51, 62, 66
CIA ··· 41
CLO ·· 54
COSO ERM フレームワーク ······ 31, 33
COSO内部統制フレームワーク ····· 26-27, 31, 33, 44
CSA ································· 43, 46, 111, 113
DDS ··· 51
DES ··· 49, 51
DIP ··· 51
IT化 ······································ 13, 47, 91, 107
KRI ··· 111
MMF ·· 57
PDCAサイクル ············· 34, 87, 95, 118
RMBS ··· 54, 57
SIV ··· 57-58, 60
SPC法 ·· 53

■あ行

アウトソーシング ······························ 29
新しい金融検査に関する基本事項について ······································ 28, 33
安定調達比率（NSFR） ··············· 93-94
1パーセンタイル値と99パーセンタイル値 ··· 75, 85
イールドカーブ・リスク ············ 77-78
オフサイトモニタリング ·········· 39, 42
オプション性のリスク ······················ 78

■か行

外生的要因 ·· 88
外部監査 ······················ 26, 28-30, 33, 37, 40
外部評価 ·· 42-43
格付制度 ··························· 21, 23, 49, 66
貸出基準金利 ······································ 62
貸出債権売買 ······································ 54
過剰流動性 ·· 58
感応度分析 ·· 77
擬似エクイティ ·································· 53
基礎的手法 ·· 111
逆選択の問題 ······································ 60
ギャップ分析 ································ 77, 99
業務継続計画（BCP） ···· 110, 113-118, 123
業務継続体制 ·········· 112, 115, 118, 122-123
金融改革プログラム ···························· 31
金融検査に関する基本指針 ········ 31, 33
金融検査評定制度 ····················· 31-33, 36
金融三法 ·· 28, 44
金融自由化 ··································· 3, 102
金利更改リスク ······························ 77-78
クレジット・リミット ················ 22, 50
クロストレーニング ························ 121
経済（リスク）資本 ···················· 14, 19
コア預金 ······························ 74-76, 84-85
公認内部監査人 ······························ 41, 45
コーポレート・ガバナンス ·············· 29
コーポレート・ファイナンス ··· 54, 63
国際化 ·· 47
国際金融危機 ············· 4, 9, 22-23, 103-104
個社別採算管理 ·································· 62
個人情報保護法 ···················· 39, 107, 121
護送船団方式 ······································ 25

131

個別与信管理……………………………49
コミットメント・ライン…………18, 52
コミットメントライン……………91, 97
コンサルティング機能の発揮………83
コンデュイット……………………57-58, 60

■さ行

サービサー法………………………………53
災害対策基本法等………………………121
債権譲渡特例法………………………53-54
最大損失額………………………10, 50, 77
債務者格付……………………18, 23, 49
債務者区分………………………………49
事業再生……………………………64, 83-84
資金運用益……………………………81-82
資金運用収益…………………………81-82
資金繰りリスク……………………11, 87
資金調達費用……………………………81
資金流動性リスク…………………87, 103
自己査定制度……………………………49
自己責任原則…………4, 22, 25-26, 28, 33
資産担保証券（ABS）…………………53
資産転換機能…………………………102
市場流動性リスク…………………11, 103
システム・ダウン…………………91, 107
システム共同化……………112, 117, 123
シミュレーション分析…………………77
指名債権譲渡方式………………………55
ジャパン・プレミアム………………89-90
上下200ベーシス・ポイントの平行移
　　動……………………………………75, 85
証券化………………47, 52-54, 57-63, 101
新型インフルエンザ…107, 112, 118, 120
審査管理委員会…………………………49
シンジケート・ローン……………51-52, 63
信用格付制度……………………………49
ストレステスト 4, 12, 15, 17, 19-20, 22-
　　23, 76, 79-80, 92, 96-97, 100
潜在的なリスク………………17, 43, 61, 111

先進的計測手法…………………23, 111, 122
早期是正措置……………………………44
組成・転売；証券化………………57, 59
組成・転売型ビジネスモデル…………60
ソブリンリスク問題……………………91
粗利益配分手法………………111, 122
損失データ……………………………111, 116

■た行

ターム・ローン…………………………52
大震災………………………107, 115, 123, 127
地域再投資法（CRA）…………………65
地域密着型金融………………64, 68, 83
長短金融の分離……………………102, 104
定期性預金………………………………73
テーマ監査………………………………39
統合リスク管理……………………9-11, 22-23
統合リスク管理によらない統合的リ
　　スク管理…………………………………10
投資銀行………………………48, 57, 61
投資銀行化戦略…………………………61
投資銀行的損失…………………………61
投資銀行モデル…………………………61
統制自己評価（CSA）…………………43
特定債権法………………………………53
特別目的会社（SPC）…………………53
トランザクションバンキング…21, 63-
　　64
トレッドウェイ委員会組織委員会…31,
　　44

■な行

内生的要因……………………………88, 100
内部監査規程……………………35, 40
内部監査計画……………………35-37, 95
内部監査実施要領………………35-37, 95
内部監査人協会（IIA）…………41, 43-44
内部監査の品質評価……………………42-43

索　引

内部監査方針 ··35
内部評価 ··42-43
日本ローン債券市場協会(JSLA) ···54
ノーザンロック銀行 ································90

■は行

バーゼル銀行監督委員会 3, 19, 23, 27-28, 33, 73, 85, 92, 93
バックテスト ······························14, 17, 19
バランスシート流動性分析 ··············99
標準的金利ショック ················74-75
非予想損失額 ··50
部署横断的内部監査 ··························39
フランクリン・ナショナル銀行 ······89
プロセス監査 ·······························40, 42
ペイオフ ···73
米国サブプライム住宅ローン問題 ···13, 47
ベイズ統計 ·································20, 22-23
ベーシス・リスク ·····················77-78
ヘルシュタット銀行 ··························89

■ま、や行

マチュリティ・ミスマッチ ········87, 90
マチュリティラダー分析 ···················77
満期ギャップ分析 ······························99

モーゲージバンク（住宅金融専門会社） ···57
預証率 ··69-71, 83
与信ポートフォリオマネジメント（CPM） ···63
予想損失額 ··50
預貸率 ························69-71, 81-84, 86

■ら行

リーマン・ショック ········17, 88, 91, 98
リーマン・ブラザース破綻 ····13-14, 17
リーマン・ブラザーズの経営破綻 61, 92
リスク・アプローチ ······················39, 42
リスク・カルチャー ······················20, 22
リスク・プロファイル ···17, 34, 92, 95, 97-98, 104
リスク管理委員会 ············79, 85, 98
リスク削減 ·································12, 85, 116
リスク資本 ······················12-13, 53-56, 89
流動化 ···51-56, 89
流動性カバレッジ比率(LCR) ····93-94
流動性預金 ·····································73, 76
リレーションシップバンキング ·····21-22, 47, 64, 68, 83, 127
ローン・パーティシペーション 55-56
ロスカットルール ································22

133

［著者略歴］

新保　芳栄（しんぼ・よしえい）

1948年　新潟県生まれ
1971年　福島大学経済学部卒業
　　　　日本銀行，預金保険機構，整理回収機構，東京シティ信用金庫等勤務を経て
現　在　立教大学大学院経済学研究科博士課程前期課程在籍
著　書　『実務者からみた金融機関行動と不良債権問題』（八朔社）
　　　　『金融機関のリスク管理と自己資本』（分担執筆，有斐閣）等

金融機関のリスク管理再考

2013年9月5日　第1刷発行

著　者　新保　芳栄
発行者　片倉　和夫
発行所　株式会社　八朔社（はっさくしゃ）

東京都新宿区神楽坂2-19　銀鈴会館
振替口座・東京00120-0-111135番
Tel 03-3235-1553　Fax 03-3235-5910

ⓒ新保芳栄, 2013　　組版・アベル社／印刷製本・互恵印刷
ISBN978-4-86014-065-6

── 八朔社 ──

あすの地域論
「自治と人権の地域づくり」のために
清水修二・小山良太・下平尾勲・編著
二八〇〇円

小さな自治体の大きな挑戦
飯舘村における地域づくり
境野健児・千葉悦子・松野光伸・編著
二八〇〇円

大型店立地と商店街再構築
地方都市中心市街地の再生に向けて
山川充夫・著
四二〇〇円

グローバリゼーションと地域
21世紀・福島からの発信
福島大学地域研究センター・編
三五〇〇円

八ッ場ダムと地域社会
大規模公共事業による地域社会の疲弊
桜美林大学産業研究所・編
二八〇〇円

実務者からみた 金融機関行動と不良債権問題
新保芳栄・著
一八〇〇円

定価は本体価格です